U0111785

大展好書　好書大展
品嘗好書　冠群可期

大展好書　好書大展
品嘗好書·　冠群可期

少林功夫 28

少林
技擊正宗

楊　斌 編著

大展出版社有限公司

目　錄

第一章　少林古傳技擊

一、技擊入手

技擊之術，學之不難，求精為難。少林南北兩宗之衣缽，爭奇鬥異，如當春之花，紛華絢爛，不可思議。而其初時入手之方，則實差無甚懸遠。茲將次第列記於下，使後學按跡而進正宗之門。

(一) 地　盆

南派曰地盆，又名地盤；北派曰馬步；河南派及蜀黔楚等處，又曰站樁。名異而實同也。

地盆之法，為初入門時所必要，借此練氣下行。不獨增長足力，且可免血氣上浮：致身幹上重下輕，稍一動作，即覺喘呼足顫，有不打自跌之患。故地盆宜於初時痛下站立之功。

地盆有三，隨學者取便習之。

1. 八字地盆

足如八字形，兩腿蹲下，與騎乘無異。（圖1－1）

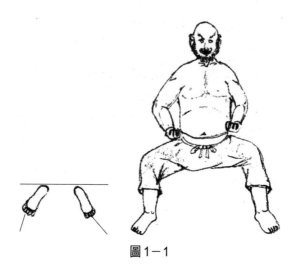

圖1-1

2. 一字地盆

　　此勢如一字形，只須照八字勢，將腳跟向前稍移，使兩足平排如一字可也。但此較八字勢稍難，學者須將八字勢練過旬日，再進此也。（圖1-2）

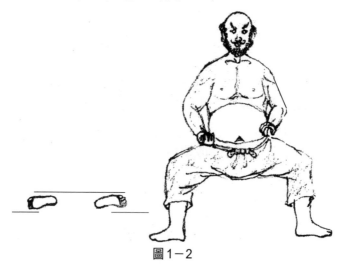

圖1-2

3. 二字地盆

又名川字地盆。其法不過仿八字勢，將兩足尖朝內收進，即成此勢。但此勢須將膝向前作跪勢，令後腳跟起，而足尖落地，此練習足尖之意也。（圖1-3）

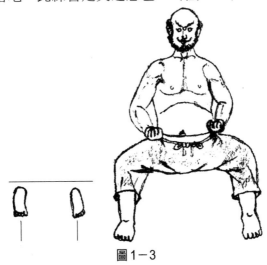

圖1-3

練習時兩手高插肋間，聽氣下行。迨至腿力實到酸楚難忍，無妨略事休息。總以站立時刻逐漸增加，以至兩腿無痛楚而有力為功效也。

4. 地盆四忌

一忌兩腿蹬下不能平正，不平則不能得力；二忌站立時腰背彎曲，腰曲則氣不能下；三忌一站即起，使兩腿全不受痛楚，則進功必緩而無成；四忌肩聳頭斜及眼光亂視，凡練習時，肩窩欲平，頭頸欲正直，眼光欲平正。

5. 要　義

蓋尋常未經練習之人，氣多上浮，故上重而下輕，足脛又虛踏而鮮實力，一經他人推挽，則如無根之木，應手即去，此氣不練所致也。故運使之入手法門，即以馬步為第一著。俗語云：「未習打，先練樁（又名站樁）」，亦即此意。苟能於馬步熟練純習，則氣貫丹田，強若不倒之翁。而後一切單行手法及宗門拳技，均可以日月漸進矣。

初練馬步時，如散懶之人，忽騎乘終日，腿足腰腎，極形酸痛，其力反覺減退。此名為換力，凡從前之浮力虛氣，必須全行改換。但到此不可畏難，宜猛勇以進。如初夜站二小時者，次夜加增數分，總以漸進無間為最要。又，站時若覺腿酸難忍，可以稍事休息。其功效總以兩腿久站不痛，覺氣往丹田、足脛堅強為有得耳。

6. 地盆與樁步之別

或有問曰：少林謂之地盆，他家則名之曰站樁，其用如何？有無異同？請稍為言明，使學者有所矜勢，而得用力之方。

答曰：此事最易辨別，惜人不加察耳。地盆者，短馬也；樁步者，半馬也。地盆為練習時之用，樁步為臨敵時之用。

故地盆有一字、八字、二字之別；樁步則有子午、丁字、二字（又名長三勢）之分。子午之勢，如長三形，而後足稍平，與丁字後足同。丁字勢則用之者少，以其略有不便也。地樁南北無異，顧以足之立地形勢，只有此數，

不能特創新奇耳。

(二)手 法

足既堅強矣，則練手尚焉。練手之法，以運使腋力，令其氣由肩窩腋下運至指巔，如是而後全身之力得以貫注於手。用力久則手足兩心相應，筋骨之血氣遂活潑凝聚，一任練者之施用而無礙也。

手法雖有各家之別，綜而論之，北派尚長手，南派尚短手。長手貴力足，短手能自顧。平時練習，非長手不能達氣，對搏時非短手不足以自保。故長短互用，剛柔相濟，為少林之正宗。

茲將少林南北派之各家通行手法，講之如下：

1. 牽緣手

此法用左右手作回環護攔之勢，其兩手指端至熟練時，必作連環勢。（圖1－4～6）

圖1－4

圖1-5

圖1-6

　　此手能練圓時，則指臂靈活，一切手法，皆不難迎刃而解。此為初學步時，所當經心練習者也。

　　此手之用法：如敵人以手或木棍擊來，則以左右隨勢緣格，敵手與物遂落空不能中。於是，再進逼一步，隨機以取敵之要害。

　　此手又名猿手，蓋猿每遇擊，必用此種手勢，靈捷異常。故即以之為名。

【按】

　　此手法即當今之稱為大小花手，也稱為雲手，也有稱之為風擺柳手法。形勢上雖大同小異，其意義法則是一樣的。兩手交替畫圓，不但有防守之機，同時也有進攻之能。

2. 纏　手

　　此手又名陰牽緣手。

　　與前手稍不同者，前手陰陽互用，此手純用陰（即掌下覆之勢）；前手作正面勢，此作側勢（或左側、右側）。譬如左手朝前纏，右手則從腋下（乃左手腋下）盡力格出。如是循環，或左右練習，自能有功也。

　　此手又名蛇纏手。蓋取與蛇之纏繞樹枝相同，以故純用覆掌陰手出之。（圖1-7～10）

　　此手用法與牽緣手相異者，牽緣取正面之格攔勢，此則取側面，乘勢以揮擊敵人之腋窩，且並作回護勾格下部禦敵之用。能熟練之，自有妙境。

　　演練時，手向內纏，非向外纏，觀勾格二字自明。若

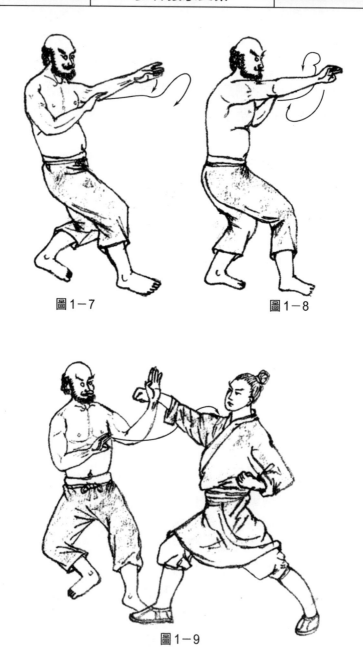

圖1-7

圖1-8

圖1-9

圖1－10

向外纏，則與相去已甚。學者謹記之。

【按】

纏手法練習有數時，不但能纏敵臂施以鎖拿，同時還有纏頸、纏腿等法，是在牽緣手的基礎上進一步的演化。

3. 長短分龍手

北派最喜練此手。許多名師鉅子，其演練手法即開始於此。蓋方家技士，以此為演習最冠冕。

其法：用手左右分排，如左長則右短，右長則左短。故又名排闥手。江湖賣技者，則名此為開門手。（圖1－11～16）

圖1-11

圖1-12

圖1-13

圖1-14

圖1-15

圖1-16

此手之用力，以前肘及掌緣向外翻滾，而兩掌心必須相應，且練時足作子午樁，下半馬（即身稍向蹬下之意），力自肩窩腋裏運出。

此手用法，亦為分格之用。到熟練時，即格即打，即打即格，無須重行換手，換手即遲慢也。

【按】

圖1－11為原始形狀；圖1－12為演化後的帶進攻性的形狀；圖1－13為表演及套路形勢時的形狀；圖1－14為進一步的演化後，接近實戰的形態。勢雖有異，而運化全在靈活機變。

4. 剪　手

此手陰闢陽合，相叉如剪，故名為剪手。

此手之用力，亦以掌緣及兩肘為要。但有一最宜注意者，兩手叉剪時，身宜稍側，而胸向內吞。如是，與敵遇，方不致被緊逼，而失其寬綽進退之勢。（圖1－17～22）

此手之用法，可以格壓敵人之手，而取推排敵人之勢，在善於妙用耳。昔有一剪手名家，因其練習勤苦，兩臂如鐵，如與人搏，經其兩手叉剪，則手骨必折斷，亦江湖中之絕技也。

又，剪手之取勢，身宜稍側，左剪則左手在前，用右手盡力斫入，以右手叉壓至左手之肘彎為止。唯叉合時，右手之指端，只可叉過左手肘彎外一寸餘，否則，恐被敵人封逼，致不能變化。此最忌也（右剪時同）。又剪叉

時，無論左右側，前後手俱宜稍平，倘前手失於彎曲高起，其弊害亦可慮也。

剪手頗具變化，叉合時兩掌向上，名為陽手；一分開則為陰手。其勢如骨牌中之長三形，可以乘勢而點擊敵人之咽喉及目部要害處。

剪手最靈快，取敵亦甚得力，能精練則受用無窮。唯有一事，須謹記者，凡無論何手，如係使用掌時，其拇指須緊貼掌緣，微帶曲勢，切不可放開。此在平常練習時，經心記之，則習慣自然，無拇指分開之弊。前四指亦須緊排平直。此通行法耳。

圖1-17　　　　　　　　　圖1-18

圖1－19

圖1－20

圖 1—21

圖 1—22

【按】

剪手之法在峨眉也稱踏袖手，其動作變化速度相當快，其實用圖很難盡情表達的。在許多拳派中的「十字手」便是剪手之縮影，訣要全在兩掌腕之間的變化。

5. 斫挑手

又名切手，取如刀之斫切物也。

此手有雙斫、單斫之分。單斫則一手挑撥，一手斫擊敵人之膀肉及脈根耳部或腿部等處；雙斫則兩手長短齊出，帶挑帶斫，極為便捷。（圖1-23～28）

圖1-23

圖1-24

圖1－25

圖1－26

圖 1-27

圖 1-28

此手操法，即從剪手稍為變化。雖名為切手，但出手時，總宜側身排掌，斜向斫出，方能得力。

【按】

此手法為攻防兼備之法，有上挑下砍之寓意。

6. 托　手

黔派名為天托手。

操練時亦宜左右分演。如左手托上，右手則向身側勾撥而下；右托，則左手亦如之。故又名為前托而後勾。托用掌心力，向上托起，若端長木盤然。勾用腕力、指力。（圖1-29～32）

圖1-29　　　　　　　　　圖1-30

圖 1-31

圖 1-32

　　此手用法，可以托開敵人之手臂，乘機以拊擊其脇後，使其立身不穩，力無所用，取側勢故也。

【按】

　　此手法分為明暗兩勢同時變動，絕非單一之托，往往與切、砍、擊同用。

7. 插　手

　　此手又名點手。

　　有掌插、指插、駢指插、三指插等之異。然此非於內功練習精到，不易學步。（圖1－33～36）

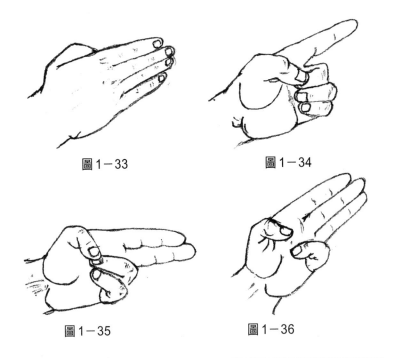

圖1－33　　　　　　　　　圖1－34

圖1－35　　　　　　　　　圖1－36

掌插稍易，一指插為最難，南北各大家，以此著名者，僅寥寥數人而已，此乃上乘宗法，非三五年功夫所能見效。

此外手法之名目甚多，其要總不出於此數種之變化。然所最宜注意者，初入門時，不妨廣為練習，以堅筋骨而別門戶，操之純熟，則迅擇一正宗手法，專求精到，如士子讀書，貴先博而後約，斯道何獨不然？

手法愈簡一，功夫愈精到，總以恒心敏力赴之，自能抵達神化之境也。若只求法繁術多，千通萬曉，而自己無一獨到處，則終屬下乘，卑卑不足言也。

【按】

此為手型之介紹，具體功技另述。「少林七十二藝」中有專門之練習「指功」的法門，均是以功見長之法。

8. 推　手

掌法為北派擅長之技，南派至般慧禪師起亦創習掌力。唯與北派異者，北派多四指緊排，拇指曲貼掌緣；般禪掌則勾四指，如鷹爪。北派謂之為柳葉掌，南派則謂之為虎爪掌。（圖1-37～45）

要之形勢名稱雖不同，而其用力則一也。其一為何？即指向外翻，注力掌心是也。

掌法之平時練習，以推手為宗，總以肩窩吐力、氣貫掌心為最當注意之事。又掌之制敵，以按入胸肋心穴為度，它處不能用。且有雙掌齊出及單掌獨進之別，在學者神而明之，隨時變化可也。

圖1－37

圖1－38

圖1－39

圖1－40

圖1－41

圖1－42

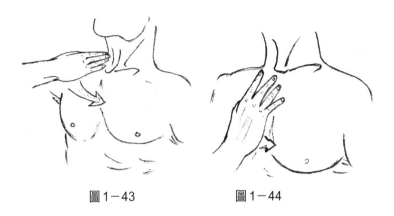

圖1-43　　　　　　　圖1-44

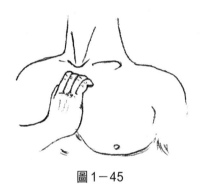

圖1-45

　　般慧禪師習此二十餘年，因用力之勤，而頗有所悟，
茲將其掌訣歌記之如下：

　　氣自丹田吐，全力注掌心，

　　按實始用力，吐氣須開聲，

　　推宜朝上起，緊逼短馬蹬，

　　三字沾按吐，都用小天星。

　　推宜朝上起：掌力朝上，敵始易於傾跌。緊逼短馬

蹬：緊逼而後出掌得力，短馬而後可以自顧。小天星：即掌尺脈上之銳骨。

少林鉅子鐵齋氏曰：掌法先用指點入敵之咽喉部，再平掌按下，覺掌心正及敵之心窩，而後放全力吐出。但吐出時須開聲一喊，令敵人心房猝然一驚，則掌力始恰到妙處。然此須精熟者始能為之。

【按】

大凡掌的形狀不足為奇，而奧義在手發力之上。不論南派、北派，出掌發力均以抖掌震吐發力為要，以猝發之爆發勁、鑽透勁震擊敵身。此有空練和擊物兩種鍛鍊方法。

(三) 腕、拐之練法

指掌之法，已述如前矣。腕力與肘拐骨力，均須練習。蓋一身均宜練到，始可有用，而免他患。若專注於一，雖為求精之道，久之則血氣偏枯於一處，而身乃受其大害。故博而反約，約時仍不可忘博，否則終歸於下乘也。

腕與肘骨之練，即用剪手變化。如剪手陰開時，即肘骨用力處，剪手則平掌而出，此則手作勾撥勢足矣。仍宜左右前後，橫拐縱拐，使腋裏之力平分。唯此有二忌焉，學者須留意。

用拐須迅速如風，防敵人之挑斫，故忌遲。用拐須短馬，放拐時變為半長馬，以免拐高，易被敵人乘虛理入腋下之患，故用拐忌高。拐之制人，多在稠人廣眾中，少則

不可輕用，用時更須取側勢。如前後拐，則收宜捷速，否
則後防斫擊，前防挑理也。記之記之！（圖1－46～50）

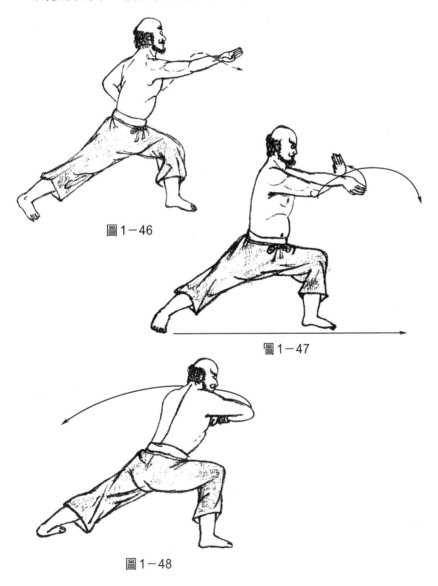

圖1－46

圖1－47

圖1－48

圖1-49   圖1-50

【按】

指腕肘拐都是連環性的，此處作了硬性的分開練習，只是為初學者而設的。後世武林有將肘法演化成三十六肘，其實，肘法不過只有六肘，即「肘母六把」。

以上為學習技擊之前必須掌握的一些基本手法規格，也就似讀書初學字時的漢字筆劃一樣。沒有這樣的基礎、手法，就談不上練習武術。這裏的手法乃是少林武技入門之總綱，大凡少林各派皆由此演化。

(四) 眼　法

擊術以眼為第一要著，故眼力鈍視之人，萬不能練習，以應敵易於受制也。諺語云：「此道無它謬巧，在眼

尖、手快、膽穩、步堅、力實五者而已。」此雖為淺近之
語，然於此五者真能無所欠缺，則應敵亦切實受用不小。
初學步者，宜先於此五者加之意也。

各家眼法，有參差不齊之處。有謂與敵遇，宜先用眼
光注其肩窩；有謂先以眼視敵之胸膛；有謂敵之手尖或器
物之端，須先凝注；有技家則謂，須以己之眼光注射敵之
眼光。此等之法，俱各有精妙自得之處，不能妄評其優
劣。總以融會諸家之長，而以銳利為最要。

故少林之法，高出於各家之上而不同者，在平素之內
功耳。內功為何？即解脫生死，心定神清，眼力到處，威
如猛獅，銳若鷹猿，其妙境不可思議。至於注射之點，以
敵之眼光為鵠，手尖物尖，不注自注。習之精熟，自能解
悟，淺者不易知也。

（五）橫力、直力、虛力、實力之辨別

鐵齋氏曰：「不學之人，虛力多而實力少，有直力而
無橫力。」此為確有閱歷之言。

橫力之練習，以分龍及剪手，習之久則橫力生焉。直
力則由於吐自腋裏為實直，否則虛直而已。其根源視內功
之深淺厚薄為辨。

二、通行裁手

（一）挑手、斫手、攔手、切手

挑即上挑敵人之手，斫即順勢斫下，攔即將敵人之

手與物攔開（此為橫手），切即乘機直切而下（亦格手也）。（圖1－51～61）

此乃技擊家之通行裁手法，唯為初入門者所不可不知。迨至精熟時，則應變無方，行所無事，所謂不期挑而自挑，不必攔而自攔。此中妙境，名家巨手能知之，淺嘗者難喻也。

【按】

挑斫攔切四法，通常為連環並存，這裏分而作解，只是為初入武門者便於學習而設（圖1－51、52為左右手之挑法，圖1－53、54為斫手與斫腿之法，圖1－55～58為左右上攔手法，圖1－59、60為左右下攔之法，圖1－61即為切法）。實際中的變化何止如此，此處為圖只不過是為習者索驥而已也。

圖1－51

圖1－52

圖1－53

圖1－54

圖1-55

圖1-56

圖1-57

圖1－58

圖1－59

圖1－60

圖1-61

（二）封手、逼手、擒手、拿手

封手者，即封關敵人之手，使不能活潑變化也；逼即乘勢緊逼，進馬一步，作吐放之勢，使敵立足不住也；擒、拿本為一手，即擒按敵之手或要害之處，使敵不克動彈也。（圖1-62～70）

故就次第而言，封先而逼後，封乘機而逼取勢。擒拿則又屬單行手法，與封逼不能牽同。此為初學而言，亦係一種制敵取勝法門。

若至於熟練精到時，此等手法，皆可不用，蓋以吾輩一舉手投足之下，敵失其手足活潑之力，不必吾封而已自封之也。倘遇名家，則此種手法，更不可輕用。大凡技擊家之逢敵手，總以先用探手，觀其宗派家法，與其得力深淺，而後可以變化應敵，握機進取。倘若江湖俗子，輒欲浪肆封逼之陋術，一旦偶逢強手，不能封人先已自封，且逼之既緊，退步無地，不獨取敗，亦且見笑於大方，學者所當謹識也。

圖1－62

圖1－63

圖1-64

圖1-65

圖1-66

圖1-67

圖1－68

圖1－69

圖1-70

　　據西江派鉅子熊劍南先生之秘傳遺語，謂擒、拿實係兩手，且有專家法術，在此道中，乃一獨立宗派。其秘訣在深悉人身氣血流行之時刻，與其脈絡穴道之部位，若按時按穴而擒拿之，可以隨輕重而致其性命之死生。而擒拿則其總稱也。

【按】

　　此組四法應分作兩層；有封就有逼，有擒就有拿。圖1-62～64為封手的範例，圖1-65、66為逼手的範例。武林中多講究手封腳逼。圖1-67、68為擒法之範例，擒時多以螺旋手法為主，儘量使對方反筋背骨而失去運動生理的正常時，然後乘機而拿之。圖1-69、70為拿臂法的舉例。

(三) 解裁手法之真訣

上論八手，不過為入門者略言及之。其實，敵手之可以裁可以解者，定屬門外漢。若名手內家，其手法變化無方，瞬息即異，豈有易於解裁乎？

對手相逢，力敵矣，則觀變化；變化同矣，則觀捷速；捷速同矣，則觀機巧；機巧同矣，則觀平日得力專工之深淺與造詣之精粗，而優劣勝負判焉。倘係智均力敵，則兩雄一舉手即知，必不致妄相水火也。

或問曰：然則如先生言，解裁手法可以不必學矣。曰：此道有虛實常變之別，明乎此，而後可以言解裁。何則？如既名為解裁，必須敵出實手，而後可以解之裁之，虛則不能解與裁也。故可解可裁者，法之常；隨機生巧者，法之變。常則有跡可尋，變則神明莫測。

倘係外家，出手即露四相，此等敵手，凡入門半年者，即裁之解之而有餘矣。四相為何？一揮拳高舉，劈頭而下。拳既高舉，則腋下必空。二或長拳沖入，手臂伸直無餘，且拳之收入，又遲緩停滯。手直則鈍，不傷則折。三既無馬步樁法，長身直立，如僵立之碑。直立則後虛，一動即跌。四怒氣騰漲，進退甚猛，血氣上升，手足無主。怒則心昏，自動不知，何能勝人？

既現四相，可以不言而知為外家。此等出手，挑之，斫之，攔之，切之，或隨意封逼之，隨意任行，毫無礙事。蓋以此等人，手既高舉直出，全身之空虛甚多，自由解裁，可以左右逢源。此尚為學之未精者言之也。倘係老手名家，則視此如玩弄小兒，又何裁解之足云。

　　蓋解裁手法，乃斯道之淺，而非斯道之深者也。至於名家相遇，則出手無隙之可乘，手本虛也，不拒則實；手本實也，按之則虛；觀其進也而實退，勢若緩也而實捷。聲東擊西，欲虛反實，矯若神龍之遊空，猛如虎兒之出柙。此所謂棋逢對手，爭勝負於毫末之微，乘機勢於黍米疏密之際。又豈一挑一撥半封半逼之手法，所能解裁見功乎？吾故謂解裁非此道之精者此也。雖然，解裁亦有一定之方法，又不能不為初學者道也。茲示之如下：

　　(1)高來則挑托。（圖1－71、72）

圖1－71

圖1－72

(2)平來則攔格。（圖1－73、74）

圖1－73

圖1－74

(3) 低來則斫切。（圖1－75、76）

圖1－75

圖1－76

(4)勢猛則乘其勢以猛還之。凡來勢猛，必上部重而下部輕，先避其勢，後乘其虛，取側勢而擊之，無不應手而倒。所謂以猛還猛，是在精熟家之妙用耳。（圖1－77、78）

圖1－77

圖1－78

　　(5)力強則借其力而順制之。借力之法，亦與此同，術家所謂「借敵千斤力，不費四兩功」，即此意也。（圖1－79、80）

圖1－79

圖1－80

(6)敵力勝於我，則取側鋒以入。敵力強若踏洪門以
進，則易於被敵制，而不能進退取機與變化。（圖1－
81～83）

圖1－81

圖1-82

圖1-83

(7)敵力弱於我，則踏洪門而進。術家通稱正入為踏洪門。少林則名為上中宮。（圖1-84、85）

圖1-84

圖1-85

(8)動手欲防敵人足，須注意其肩窩。大凡用長腿飛擊時，其肩窩必先聳起，此定勢也。（圖1－86、87）

圖1－86

圖1－87

(9)有時偶爾不備，被敵從後突忽圍抱，可急下半馬，先以頭向後撞擊敵人之面鼻。因抱時，彼此之頭部正對準也。（圖1−88、89）

圖1−88

圖1−89

　　倘一擊不中，再乘勢以足向後踢去，以取敵人之下陰部，無不鬆懈者。（圖1－90）

　　倘二擊再不中，則吞氣一口，鼓力周身，猛起肘拐，以衝擊敵人之胸肋腹部等處，則敵雖勇亦難支架不退也。此為初學之解裁手法。（圖1－91）

　　若係名家，精聽聲術者，雖在暗夜中，尚能有以自衛，不易輕為敵人制，即被制亦應變有方，使敵自斃。蓋以用手暗中趁不備而圍抱人者，乃癡愚者之所為，其解裁非甚難也。

圖1－90

圖1－91

(10) 凡與人搏，切不可用手沾實敵人之手與物。蓋不實則虛，虛則易於變化。此初學步者不可不知之術。若於少林拳術精習有得，則陰陽虛實，神變無窮，此等解裁法，真卑卑不足道也。

以上十法，均通行之解裁術，唯有兩大端，須精心求之者。一為求名家鉅子之確有宗法者，悉心而學之，先練其常，後精其變，氣力交修，手足雙練，不安小就，苦求大成，則純技專術自能強身濟世，此等解裁，一點即通矣。二須自己有所悟入，始能受用。人之手足，同具於天，此往彼來，舉動無甚懸殊，習之既久，始能隨機生巧。在學者勿鶩馳虛泛，皈依精到，凡一切有形之手術，皆成筌蹄之末技耳。

三、身法示要

學者既於地盆（即馬步）、手法、掌法、解裁手法等，知其用力之道、練習之方，則於此術已獲十之五六。似不可不進而求諸身法。

蓋身法為斯道之中樞關鍵，須於手足之動作，靈通一氣，進退有方，趨避得機，起落（即長馬、短馬之謂）如勢，變化遲速，不失其矯健敏快之法，如是而後法術完備，應用得力。

(一) 進退法

身之進退，其機其勢，千差萬別，爭於黍米秒忽之間。有一步進，有縱躍尋丈之進。其退也如之。又有左進

右進與左退右退之別，或陽退而陰進，虛進而實退，或以進為退，以退為進，以及猛進猛退之方，長馬進與短馬進之法。種種法規，不可以一端盡。要在學者，取機乘勢，自由進退可也。

少林之尋常進法，必用短馬，緊取側勢。蓋以不進則不能逼，不能逼則兩臂之力難於擊中要害，且易於躲讓，使力不能十分充足，此為最有關係者也。退則多因不克得手，故退一步而再乘機進也。今將尋常進退法歌訣，記如下：

　　進步捷如風，失機退宜快，
　　乘勢側鋒入，身稍向前邁，
　　掌實即須吐，發聲使驚怪，
　　變化如蛟龍，遲速分勝敗。

註：身稍向前邁，即身之上段微向前撲。

又，身未退而胸向裏折，則為吞，如敵以拳或掌或物器等平胸刺擊而來，倘其物短則身稍折而敵之物即落空，再乘機攔格或取側勢以進，此為吞身法，用之甚多，須精練之；以單掌或雙掌推擊，則為吐，取其力從腋裏肩窩吐出故也。

鐵齋曰：人當正面而立，如敵以拳與器平胸陡至，則右足稍退一步，即成側勢。再用左手格避，而右足前進一步，即取擊勢。唯一退步時，手即起而身變作半馬。此亦身法之一端，在速快耳。

又曰：前所謂右足前進一步即取擊勢者，乃泥守規則之語。究之進右足，實不如進左足之為迅速，且較進右足

尤為得勢，云云。

(二) 左右趨避法

進退乃取勢之方，趨避為乘機之地。兵法所謂避虛擊實、聲東擊西等語，無一不與此道息息相通。不過彼為群與群鬥，此為個人與個人鬥而已。

無論如何技精力足，總不能不有所趨避，因有所避而後有所趨，此為一定之理。趨左則避右，聲東則擊西，隨敵之動以為方，觀敵之機以為用，明於術而不拘於術，擊其要而不見其跡，此真所謂變化無方，心手兩忘，神而明之，存乎其人者也。茲將趨避歌訣志如下：

趨避須眼快，左右見機行，

趨從避中取，實自虛中生，

山重身難壓，隙開進莫停，

勢猛君休懼，四兩撥千斤。

山重身難壓，方語所謂泰山雖重，其如壓不著我何？即避讓之意也。至平日練習之法，以精熟少林拳技，則馬穩而身靈，到時自能左右逢源也。

身法總以轉側靈巧、進退合關（即左右避讓）穩靜、起落（即馬步起落）得勢為名家衣缽。至於變化莫測，出人所不能防、不能制者，是乃在乎苦心獨造之士，不可以常法繩之也。

第二章　少林龍形八勢

　　本篇擊技乃南少林龍形拳正宗。龍形一直有「象形之王」美稱，而南少林龍形拳又以兇猛強悍而獨樹一幟：「逢橋必斷，逢虛必入，逢強必摧，逢敵必傷。」

　　龍形技擊要言：「後傷敵人，先顧自己。步步為營，暗藏殺機。步步生根，招招有力。攻防兼具，所向無敵。」

一、龍　出　洞

　　(1)敵我對峙。對方前上左腳一步、衝出右拳向我面部而來；我方略縮身，左手上挑格擋敵右腕內側。（圖2－1）

　　(2)如果敵左拳緊隨衝擊，我不閃不避，上挑右手格于敵左腕內側。（圖2－2）

　　(3)接著，我兩手同時勾指旋腕抓住敵兩手腕，向下抖勁拉收，同時，收提右腳猛踩擊敵左膝。（圖2－3）

　　(4)敵膝被踩，痛得齜牙咧嘴之際，我再突然鬆手，右腳落地前擁身，兩手成龍手猛力撲擊敵前胸，將其打倒在地。（圖2－4）

圖2−1

圖2−2

圖2－3

圖2－4

二、龍擺尾

(1)敵我對峙。對方滑步向前、衝出右拳朝我面部擊來；我方速收右步成虛步，以此緩解敵拳衝擊力，同時，左手提臂內裹，格擋於敵右臂外側，將其攻勢化開。（圖2—5）

(2)隨即，右腳前移步、沉身下坐成馬步，同時，右手抖掌擊敵右肋部。（圖2—6）

(3)連擊不停，不得讓敵退步逃脫，右腿騰起踹擊敵腹部，將其重創。（圖2—7）

圖2—5

圖2-6

圖2-7

三、龍　探　爪

(1)敵我對峙。對方前滑步、右沖拳打向我面部；我方見其勢猛，右腳向後撤退一步、沉身下坐，同時，右手上挑，使用外裹勁格擋敵右臂外側。（圖2－8）

.　(2)隨即右旋體，同時兩手踏壓敵右臂。（圖2－9）

(3)當把敵臂壓至我胸前時，雙臂再猛然抖勁，上體向左擁，兩手成龍掌推敵胸部，使其突受大力撞擊而仰翻。（圖2－10）

圖2－8

圖2-9

圖2-10

四、龍探穴

(1)敵我對峙。對方滑步進身、用右拳擊向我胸部而來；我方速後挪移身，同時，左手下搭壓敵右腕，化解其攻勢。（圖2－11）

(2)敵在右拳受阻時，又衝出左拳擊來。我不閃不避，右臂上挑格擋敵左腕臂內側。（圖2－12）

(3)一格之後，迅疾前滑步入敵襠下，同時右掌變成龍手抖打敵襠部，將其擊傷。（圖2－13）

圖2－11

圖 2－12

圖 2－13

五、龍　飛　宮

(1)敵我對峙。對方前滑步進身、沖出左拳擊來；我方速後滑步避閃，同時，右翻手搭住敵左手腕背。（圖2－14）

(2)隨即向下壓按，同時左墊步，右腳前進絆住敵左足跟，左手龍掌快速撲擊敵面部。（圖2－15）

(3)不論擊中與否，左手一收，右手再發抖勁衝向對方心窩，以抖撞勁將敵擊傷。（圖2－16）

圖2－14

圖2－15

圖2－16

六、龍 纏 柱

(1)敵我對峙。對方前滑步進身、右沖拳擊打我面部而來；我方見其勢猛，右腳速退一步以緩其猛勢，同時，右手上挑格擋敵右腕外側。（圖2－17）

(2)隨即翻腕旋指扣抓住敵右腕，並向側拉拽，同時，左手屈臂截擊其肘關節，將其右臂打折。（圖2－18）

圖2－17

圖2－18

七、龍　入　懷

(1)敵我對峙。對方前滑步進身、右沖拳向我面部打來；我方速下沉身避躲，同時右腳前移，併發右肘搗向敵人腹部。（圖2－19）

(2)連擊不停，再迅速上左腳進敵襠下，伸兩手摟抱住敵腰，同時用頭猛力撞擊敵心窩。（圖2－20）

圖2－19

圖2－20

八、龍捲風

(1)敵我對峙。對方前滑步進身、左沖拳朝我面部擊來；我略起身，左手格擋敵左腕外側，右手上提格擋敵左小臂內側，兩手成交叉力，阻住對方的攻勢。（圖2－21）

(2)隨即著兩手相合抓住敵左腕，然後猛力左轉身將敵左臂扛於我的右肩上，前躬身旋拉，將敵摔趴在地。（圖2－22）

圖2－21

圖2－22

第三章　少林十三抓

　　相傳元朝時，有山西太原人白玉峰，精龍、虎、豹、蛇、鶴五形拳。白慕少林武技，登嵩山少林寺與武僧磋藝，在五形拳的基礎上融合少林拳法的精華，研創了一套十三抓技擊術。

　　少林十三抓由龍行、蛇彎、鳳展、猴靈、虎坐、豹頭、馬蹄、鶴嘴、鷹抓、牛抵、兔輕、燕抄、雞蹬十三形仿生動作組成，並突出使用爪的抓、掰、操等法，簡潔、樸實、獨特、實用。

一、青龍探爪

　　是龍行中撲面抓的動作。

【用法】

　　對方以左弓步右沖拳向我方胸、腰部擊來；我方用左爪下按消解，右爪向對方的面部撲擊，同時右腳猛烈向對方的左腳背踩擊。（圖3－1）

【要點】

　　下按、撲擊、跺腳應同時進行。

圖3-1

二、白蛇吐信

是蛇彎中的抓襠動作。

【用法】

對方以右弓步右劈掌向我方的頭部擊來；我方用左手摟架，同時下蹲用右爪向對方襠部撩擊。（圖3-2）

【要點】

右臂前伸時要擰腰、送肩。

圖3-2

三、鳳凰展翅

是鳳展中偷步反撩動作。

【用法】

對方以左跨步、右貫耳拳向我方擊來；我方撇右腿閃躲對方的橫拳，順勢右手內旋由下而上反撩擊對方的襠部。（圖3-3）

【要點】

撇步與反撩應同時進行。

圖 3－3

四、猿猴倒掛

是猴靈中的勾防動作。

【用法】

對方以右沖拳、左蹬腿向我方的頭、腰部同時擊來；我方左腿向左撤步，右腿收攏屈膝成丁步，身體向左擰轉，避開對方，同時右手內旋由下而上反勾對方的腳跟。（圖3－4）

【要點】

撤步、下蹲、反勾同時完成，勾住腳跟後用力向上掀起。

此動作往往與「剝雲摘月」法聯合應用。

圖3－4

剝雲摘月：

【用法】

我方下格對方的右臂，同時右爪反抓對方的襠部。
（圖3－5）

【要點】

下格要快、準，右臂要前送。

圖3－5

五、餓虎撲食

是虎坐中雙爪撲腦的動作。

【用法】

對方蹲身，用左直拳向我方的襠部擊來；我方左腿提膝護襠，雙爪由上向下直撲對方的腦門。（圖3－6）

【要點】

左腿要內扣，腰要左擰轉。

圖3－6

六、豹頭摟懷

是豹頭中抓耳門的動作。

【用法】

對方上右步、右沖拳向我方左胸部擊來；我方右腳尖裏扣勾住對方右腳跟，同時左臂內旋由裏向外摟格對方的右拳，右爪由外向裏抓擊對方的左耳門。（圖3－7）

【要點】

摟、抓時，左肩後拉右肩前送。

圖3－7

七、野馬奔蹄

是馬蹄中上撩下踩的動作。

【用法】

對方左腿上步、右拳由下而上撩擊我方腰部；我方左爪下摟以消解對方的右撩拳，用右爪由下而上向對方的下巴處撩擊，同時右腿向對方的左小腿脛骨處猛烈踩擊。（圖3－8）

【要點】

右腿要外旋，上體要含胸拔背。

圖3－8

八、白鶴亮翅

是鶴嘴中閃躲啄眼的動作。

【用法】

對方側身，用左腿向我方膝部踹擊；我方提右腿閃躲，同時上體朝右側探身，右爪向對方的雙眼啄擊，左爪防護自己的右肋部。（圖3-9）

【要點】

提膝閃躲要敏捷，側身探爪要保持自身平穩。

圖3-9

九、妖鷹閃身

是鷹抓中閃身反抓的動作。

【用法】

對方上左步、左沖拳向我方胸部擊來；我方身體向左
擰腰躲避，同時上右腿腳尖勾住對方的左腳跟，左爪向左
外側摟接對方的左沖拳，右爪從下而上穿過對方的腋下抓
擊他的臉部。（圖3－10）

【要點】

摟接、扣腳、抓擊應同時完成。

圖3－10

十、牯牛擺頭

是牛抵中撞肩的動作。

【用法】

對方上左步、右橫拳擊我方左耳門；我方左臂屈肘上
摟接，同時右腿上步插於對方左外側，進身用頭或肩向對
方撞擊。（圖3－11）

【要點】

進步傾身時，步子要大步邁出，動作要快速。

圖3－11

十一、野兔穿洞

是兔輕中踹腿的動作。

【用法】

對方上右步，用雙峰貫耳向我方左右兩側耳門擊來；我方左閃身，右腿猛烈向對方的腹部踹擊，同時兩臂屈肘護體。（圖3-12）

【要點】

踹擊後，收腿要快，兩爪隨時防範對方的進擊。

圖3-12

十二、燕子抄水

是燕抄中躲閃抓襠的動作。

【用法】

對方右橫掃腿向我方頭部擊來；我方屈膝成仆步，閃避對方橫掃腿，同時左腳尖勾住對方的左腳跟，左手反爪抓擊對方的襠部。（圖3－13）

【要點】

仆步、勾腳、反抓應同時完成。

圖3－13

十三、金雞抖翎

是雞蹬中蓋抓蹬踢的動作。

【用法】

對方上左步、右沖拳向我方腹部擊來；我方左爪摟按消解，同時左腿起腳向對方襠部蹬出，右爪向對方頭頂部蓋抓。（圖3－14）

【要點】

摟按、蓋抓、蹬踢應同時進行。

圖3－14

第四章　少林羅漢十八手

　　少林羅漢十八手，是少林派最著名的技擊術。據《少林寺拳譜》記載，遠在隋時，少林寺武僧就根據十八羅漢造型創了十八手；後來逐漸演化，產生了許多各具特色的不同打法。本篇招術為其中上品，攻防兼備，技法多變，極具妙用。

一、一　條　椽

(一) 技　擊

　　(1)與敵對峙之時，對方前進右腳的同時，用右拳從右外側向前擺擊我方左耳部。（圖4-1）

圖4-1

(2)我方立即左手從身前屈肘向上，經額前向左繞環，用前臂近腕處橈骨一側將對方右拳格開，拳背朝前；右手隨之握拳屈肘收抱於右腰側，拳心朝上。（圖4－2）

(3)動作不停，身軀左轉，左腿屈膝，右腿蹬伸成左弓箭步；左拳屈肘收抱於左腰側；右拳向前疾衝，擊打對方腹部胸骨劍突處，將其擊傷。（圖4－3、4）

圖4－2

圖4－3

圖4－4

(二) 要　領

(1)對方擺擊我方左耳部，可能擊打耳部上方太陽穴，也可能擊打耳部下方的頸動脈。我方的左拳格擋必須是根據對方的擊打部位或上迎，或下迎，高低不是固定不變的。但是，格擋一定要用近腕關節的橈骨去磕擊乙方近腕關節處橈骨。

(2)我方使用「一條椽」時，拳的疾衝，右腿的後蹬，左拳的收抱，一定要在同一時間內完成，使沖拳借助於蹬腿的地面反作用力更加迅速有力。同時擊打的部位要準確，必須擊中對方腹部胸骨劍突的地方，即俗稱心窩的地方。

(3)對方如用左拳擺擊我方右耳部，我方則以右拳格擋，以左拳使用「一條椽」擊打對方，左右都可使用。

(三) 變 化

如果對方在我沖拳時後退躲避，我應急速跟進，不要讓他跑掉，仍以「一條椽」擊之：

(1)對方擺擊我方左耳部。（圖4－5）

(2)我方用左拳將其拳格擋磕開。（圖4－6）

圖4－5

圖4－6

(3)對方撤步後退；我方須急速使右腳上前直逼對
方。（圖4－7）

(4)變右弓箭步，仍用右拳擊打對方心窩。（圖4－
8、9）

圖4－7

圖4－8

圖4-9

二、硬 開 弓

(一)技 擊

(1)敵我對峙時，對方進左步用左拳從左外側向前擺擊我方右耳部，或太陽穴或頸動脈而來。（圖4-10）

(2)我方立即右手握拳從身前屈肘向上，經額前向右繞環，用前臂近腕處尺骨一側將對方左拳格開，拳眼朝左；左手隨之握拳屈肘收抱于左腰側，拳心朝上。（圖4-11）

(3)動作不停，我方隨即左腳向前上一步，身軀右轉，兩腿屈膝成馬步；同時，左拳從腰間向左直臂疾衝，擊打對方左肋。（圖4-12、13）

圖 4－10

圖 4－11

圖 4－12

圖 4－13

(二) 要　領

(1)使用「硬開弓」馬步架打，當左拳向前（左）平伸疾衝時，右臂肘必須在同一時間內向後（右）迅速拉回，憑藉兩臂的一衝一拉，向前向後互相作用的力，使沖拳更加迅猛。

(2)擊打的部位可以腎部、可以脾部，這要看對方在向你進攻時哪一部位最容易被你擊中而定（根據對方的攻勢可以左右隨機使用）。

三、架　梁　炮

(一) 技　擊

(1)敵我對峙之際，對方上進右步用右拳從上向下劈砸我方頭頂而來。（圖4-14）

(2)我方立即左手握拳從身前屈肘向上用前臂尺骨一側將對方右拳架阻住；同時，右手握拳屈肘收抱於右腰側，拳心朝上；身軀微向後移，兩腿均屈膝。（圖4-15）

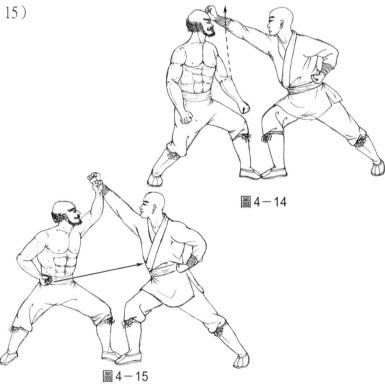

圖4-14

圖4-15

(3)動作未停,我方隨即身軀左轉,右腿蹬直,左腿屈膝成左弓箭步;右拳向前疾衝,擊打對方心窩,將其擊潰。(圖4－16、17)

圖4－16

圖4－17

(二) 要　領

　　左拳前臂向上「架梁」阻格對方劈砸時，必須同時使身軀微向後移、兩腿微蹲。身向後移是為了閃避對方的拳勢；腿微蹲是為了沖拳時便於蹬伸把身體和沖拳的力作用於地面，而後憑藉地面的反作用力使沖拳更有力（架梁炮根據對方的拳勢可以左右使用）。

四、僧　敲　鐘

(一) 技　擊

　　(1)敵我對峙之時，對方上進右步右劈拳砸向我方頭部。（圖4－18）

圖4－18

(2)我方立即後閃，避開對方的劈砸；同時，左手從左側向上屈肘繞環抄起，在額前向裏、向下將對方右拳腕部擄住往下按，拇指一側朝向自身；右手握拳從身前屈肘提起，拳心朝下。（圖4-19）

圖4-19

(3)上動不停，我方繼續擄住對方右手腕向下按；右拳由左臂裏面向上、向前繞環翻起，用拳背前緣邊部磕擊對方頭面，拳心朝上；身軀隨之向前逼近對方，右臂也隨勢由屈到伸抖勁擊敵。（圖4-20、21）

(二)要 領

(1)閃身、擄手、磕打的動作要迅速連貫，中間不能有絲毫地停頓。否則，對方在右腕被擄後，左拳將會乘隙進攻。

(2)右拳磕打，須注意腕肘不能使僵勁，應該像抽鞭

子似地將前臂、拳手甩出；特別是腕關節，在右拳從身前屈肘提起時，也須向拳心一面屈起，這樣便於磕打時甩腕。

(3)「僧敲鐘」可以根據對方的拳勢左右使用，十八手的每一手都是如此。磕打的部位以對方鼻梁、眼睛等部為宜。

圖4－20

圖4－21

五、巧紉針

(一) 技 擊

(1)敵我對峙之時，我方右進步劈拳朝敵頭頂砸擊時，被對方左手直臂托住右臂肘，準備使用右拳攻擊我方。（圖4－22、23）

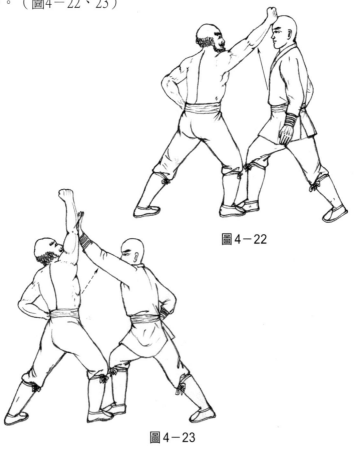

圖4－22

圖4－23

(2)我方迅速用左手從身前直臂上舉，將對方左臂肘托住；與此同時，右拳急發衝擊向對方左肋，將其打傷跌倒。（圖4－24、25、26）

圖4－24

圖4－25

圖4－26

(二) 要　領

(1)使用「巧紉針」這一招，托手、抽拳、出擊必須快速連貫。托肘或出擊遲緩，都會給對方造成有隙可乘的機會。

(2)托肘的部位，一定要托在對方上臂接近肘關節的地方，這樣對方就失去向下壓的力量；托對方的前臂，就難以收到應有的效果。

(3)右拳出擊、左拳收回，是憑藉一衝一拉相互作用的力使右拳出擊更重，因之左拳的收回也不能忽視。

六、披　身　捶

(一) 技　擊

(1)如敵從我方身後偷襲，進右步揮右拳劈砸向我方後腦。（圖4−27）

圖4−27

　　(2)我方立即左手握拳，臂內旋從下向前、向上、向
身後直臂弧形繞環，身軀隨之從左向後轉，用左拳近腕關
節的尺骨一側向對方右臂骨劈擊。（圖4－28）

　　(3)動作不停，右拳臂外旋隨身軀向後轉動之勢向上
掄起，用拳輪一側向對方頭頂砸下，拳眼朝上；同時，
右腿蹬直，左腿屈膝成左弓步；對方即被擊倒。（圖4－
29、30）

圖4－28

圖4－29

圖4－30

(二)要　領

(1)兩拳的掄臂繞環，必須使肩關節放鬆，兩臂繞環迅速，憑藉快速旋轉的離心力來加重兩拳臂劈砸的力量。

(2)翻身劈砸在實際應用中，在翻身時應使右腳先向前微移、身軀向前微傾，以此閃開對方的來拳，而後再接做翻身掄臂繞環的劈砸動作。

(3)在實際應用中，對方可能向後仰面躲避你的砸拳，此時砸拳的部位即順勢擊其鼻部；如果對方頭向左、右偏閃，則須順勢擊其脖頸或肩部。

七、拗鸞肘

（一）技 擊

（1）敵我對峙之時，對方上進右步用右拳橫擺向我方左耳部。（圖4－31）

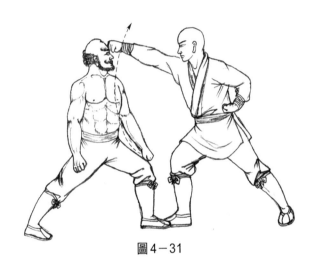

圖4－31

（2）我方立即左手握拳從身前屈肘向上、經額前向左繞環，臂內旋用前臂近腕處的尺骨一側將對方右拳格開；右臂隨身軀左轉盤肘，用肘尖向前頂出，擊打對方胸部或肋部。（圖4－32～34）

（二）要 領

（1）肘尖前頂時要注意防止肩向上聳起，聳肩會削弱

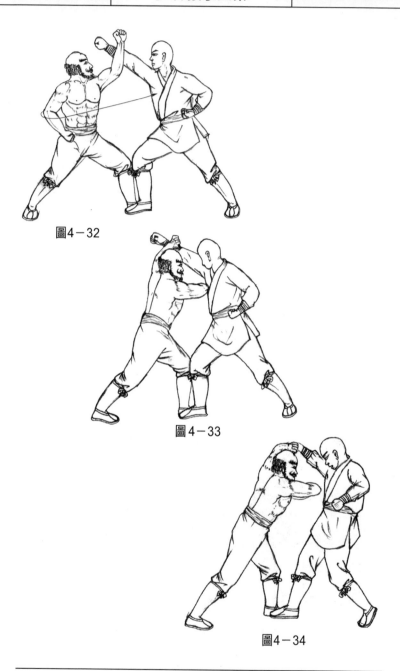

圖4-32

圖4-33

圖4-34

頂肘的力量，一定要使肩向前下沉勁。

　(2)所謂「拗鸞肘」，就是右肘前頂、左腳在前，或是左肘前頂、右腳在前，其步和肘是拗勢。如果是右肘前頂、右腳在前，其步和肘是順勢的則稱「順鸞肘」。

八、劈　柴　勢

(一) 技　擊

　(1)敵我對峙之時，對方進左步用右彈腿踢擊我方襠部及小腹。（圖4－35）

圖4－35

(2)我方立即後撤右腳，身軀向右轉，閃開對方的右腳；與此同時，右手從下直臂向右、向上、屈肘向左弧形繞環，架舉于頭頂上方，掌指朝左，小指一側朝上；左手從下屈肘向左、向上、由左側向下繞環，用小指一側劈砍對方右小腿脛骨。（圖4－36）

圖4－36

（二）要　領

(1)撤步、轉身、舉掌、劈掌等動作，必須一氣呵成，中間不能有絲毫停頓。

(2)劈切的部位根據實際情況可以劈其小腿脛骨，也可以劈其腳背或踝關節的前面。

(3)在實際應用中，一般不將右手舉起。但遇到對方也是技擊行家時，就須將右手舉起，防止其用「鴛鴦連環

腿」。如果對方見你左掌劈下，急將左腳蹬地跳起直踢你下頦，那時你的右掌即可從上向下劈砍對方的左腿。

九、僧　推　門

(一) 技　擊

(1)敵我對峙之時，對方猛進右步擁身，使出「雙峰貫耳」朝我頭部擊來。（圖4－37）

圖4－37

(2)在對方兩拳即將近兩耳時，我迅速使右腳從身後屈膝提起，兩手從下屈肘向前、由對方兩臂中間向上弧形繞環，臂外旋用前臂靠近腕處的橈骨一側向外磕擊對方兩腕臂骨，將對方的兩手格開。（圖4－38）

(3)動作不停，我方隨即使右腳向對方襠間上步插進，右腿屈膝，左腿蹬直的同時，兩掌臂內旋使掌心朝前，向對方胸部貼靠的同時抖勁撞擊。（圖4-39、40）

圖4-38

圖4-39

圖4－40

(二) 要　領

(1)雙掌外分磕擊對方兩腕骨時，要注意兩肘不要撐開，僅用前臂向外分；同時外分的幅度也不要太寬，微超過肩即可。

(2)右腳插向對方襠間，須使身體向前逼近對方，兩掌屈肘將對方靠住；而後左腿後蹬，兩臂由屈到伸，憑藉地面的反作用力才能將對方推倒。

(3)當身、步、雙掌逼近對方時，如果能夠趁對方急欲向後退步的一瞬間，在此機會蹬腿發掌，對方定會被跌得更重。

十、金勾掛

(一) 技擊

(1)敵我對峙之時，對方猛進左步衝出左拳直撲我方面部。（圖4-41）

(2)我方立即使左手從下屈肘經身前向右、向上、由臉前向左弧形繞環，將對方左拳腕部抓住。（圖4-42）

(3)隨之使左腳尖外展，身軀半面向左轉，右腳屈膝在身後離地提起，右手從下屈肘向右、向上弧形繞環舉於頭部上方，掌指向後，掌心朝左。（圖4-43）

圖4-41

圖 4－42

圖 4－43

(4)接著右腳向對方左腿外側接近踝關節處踢去，將對方左腳掛住向身前勾挑，腳尖朝上；與此同時，右手直臂擺向對方脖頸，用右前臂將對方身軀向後橫撥，將其摔倒在地。（圖4－44）

圖4－44

（二）要　領

(1)勾掛對方腿部時，必須利用小腿的擺踢力量，邊踢邊向上勾挑；橫撥對方脖頸，也必須利用前臂的甩擺力量，邊擺臂邊橫撥；同時上下動作還須快慢一致，運用力學原理，「金勾掛」才能獲得效果。

(2)掛腿的部位不能太高，一定要在踝關節近處，這樣容易踢動對方。

十一、掃　蕩　腿

(一) 技　擊

(1)敵我對峙之時，對方進右步使右拳擊打向我腹部。（圖4－45）

圖4－45

(2)我方在其右拳擊來時左腿迅速屈膝全蹲，右腿伸直平鋪，腳尖勾扣，身軀前俯，兩手向右腳前擺臂伸出扶地，以左腳掌碾地為軸，擺臂轉腰使右腳貼地向後掃轉，用右腿後面接近腳跟部位掃蕩對方的右腿，將其掃倒。（圖4－46、47）

圖4－46

圖4－47

(二) 要　領

(1)「掃蕩腿」的力量來源於速度，這就需要在俯身時，身軀和兩臂猛然用力向右下方擰腰擺臂轉動；同時，

左腳跟也須與擰腰擺臂配合一致向外展。

(2)掃轉時，右腳一定要貼著地面，但又不要貼得太緊；身軀和右腿始終保持小於直角的角度，不要大於直角。

(3)使用「掃蕩腿」後掃時，不論對方是擊腹或是擊臉，只要是正面撲來，都必須在對方一有起動、腳步向前之際立即俯身迅速掃轉，不能在敵已打到近身時才開始掃轉。

十二、踢　球　勢

(一) 技　擊

敵我對峙之時，不論對方作任何進攻動作時，我方均可用左腳或右腳迎面彈踢對方靠上來的前脛骨、襠部或小腹部。（圖4-48）

圖4-48

(二)要 領

(1)向前彈踢，必須先使小腿向身後屈膝將腳離地提起，而後再繃平腳面，使小腿用力迅速向前擺蕩彈出，像向前踢球那樣踢出。它並不是直著腿就從後向前伸出的，但也不應將小腿向後屈起與用力向前擺蕩的兩個部分機械地分割開來，須連成一氣。

(2)彈出不宜超過水平部位。踢擊對方小腿脛骨時，還須使支撐腿屈膝稍作下蹲才好。

十三、鴛 鴦 腿

(一)技 擊

(1) 敵我對峙之時，不管對方採取任何動作向我方進攻而來，我方即可彈出左腳迎擊對方的小腹或襠部。（圖4-49）

圖4-49

(2)當對方受擊後收腹或收腹躲避我左腳，我方隨之右腳蹬地跳起，使腳面繃平、腳尖朝前向對方頦下踢擊。（圖4－50、51）

圖4－50

圖4－51

(二)要 領

(1)「鴛鴦腿」的使用，在一般情況下它的左腳踢起乃是「虛」招，誘使對方為了躲避而向後收腹將身軀前俯；趁此機右腳踢起才是「實」招。不過，武術很講究虛中有實、實中有虛，左腳的「虛」招在對方不及躲避的時候就得變虛為「實」。

(2)右腳的跳起必須與左腳的降落在同一時間內進行，一起一落協調一致。這樣才能在相互作用力的基礎上使右腳的力量加重。

十四、鷹 捶 嗉

(一)技 擊

(1)敵我對峙之時，對方進右步用右沖拳擊打向我方胸部。（圖4-52）

圖4-52

(2)我方立即使左手由身前屈肘向右、向上、向左繞環，將對方右拳腕抓住，手心朝下，拇指一側朝前；隨即臂外旋使手心朝上將對方右臂往外扭轉。（圖4－53）

(3)動作不停，右腳向前上步，右手拇指張開，其餘四指併攏，掌心朝下，叉鎖對方咽喉。（圖4－54）

圖4－53

圖4－54

(二) 要 領

(1)使用「鷹捐嗉」的時候，如果目的在於將對方叉跌，在叉喉時則須將對方的拳腕鬆開讓其後仰跌倒；如果目的在於將對方氣管封牢，那就不必鬆開其腕，叉喉的右手也須使拇指和其餘四指收緊，既叉又捐。

(2)鎖喉的部位，虎口應卡準喉部甲狀骨（喉結）和舌骨之間，這樣才能封閉住氣管，使呼吸阻隔；拇指和其餘四指的收緊，則應緊鎖頸部左右頸總動脈，這樣才能使腦部的血液循環受阻而滯止。

十五、挎 籃 勢

(一) 技 擊

(1)敵我對峙之時，對方進右步衝出右拳打向我方胸腹。（圖4-55）

(2)我方左手從對方右拳臂的下面屈肘向右、向上、向左弧形繞環，臂內旋將對方右拳腕部抓住，手心朝下，拇指一側朝前抓住對方右拳腕部，臂外旋使手心朝上將對方右臂向外扭轉；與此同時，右腳向前跨步，身軀隨之左轉，右手握拳從對方右臂下面屈肘向身前繞環抄起，用肘彎挎住對方肘關節的後面用力向上抄，左手則抓牢對方右拳腕部用力向下壓，一上一下搬折對方右臂肘。

趁勢使右拳變掌，臂內旋由臉前繞至左肩前，掌心朝下；而後向右擺臂，用小指一側的手掌邊緣劈砍對方腰

腎。（圖4－56～59）

圖4－55

圖4－56

圖4-57

圖4-58

圖4-59

(二)要　領

(1)折臂的動作必須快速，用力要剛脆；右肘的抄挎和左手的壓扳，一定要在一瞬間上下一起用力。

(2)折臂絕對不能硬扳，當對方已經覺察而及時將臂肘屈起，使你無法扭轉和搬折的時候，就不用再硬扭硬折。應立即運用擊打腰腎的第二招，應用得法的話，也是可以收到擊打效果的。

(3)使用「挎籃勢」，要收到折臂的效果，關鍵還在於擄腕的扭臂。當將對方的拳腕抓住之後，須抓牢並迅速用力向外扭轉其臂，使對方無法在扭臂之前將臂肘屈起。如果對方在扭臂後的一瞬間將肘屈起，使你無法挎住對方肘關節後部而向上抄，在此情況下，就可用肘彎的前臂貼住對方的肘關節外側從外向裏、向上扳，而抓腕的左手則從裏向外、向下推，將一上一下的折臂方向改為一裏一外的方向，這同樣可以起到折臂的應有作用。

十六、扭　纏　絲

(一)技　擊

(1)敵我對峙之際，對方進右步右手朝我胸前抓來。（圖4－60）

(2)我方立即使右手臂內旋從下由身前屈肘向左弧形繞環抄起，用接近腕關節處的前臂骨由下向上格擋對方右

手，擋開對方的抓胸而讓對方將前臂腕關節處抓住。（圖
4-61）

圖4-60

圖4-61

(3)我使左手在對方右手臂上面向下將對方右手握牢，手心朝下、拇指外展緊握對方上面的四指，其餘四指併攏緊握對方虎口處，手心緊貼對方右手背部；同時，右手拇指張開，其餘四指併攏，向掌背的一面屈起使掌指朝上，使掌邊緣部分切著對方腕關節，由上向外、向下、向裏纏繞，右臂隨之外旋，截折其腕關節。（圖4－62、63）

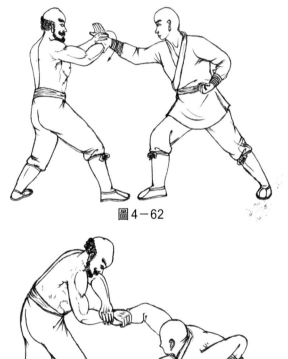

圖4－62

圖4－63

(二) 要 領

(1)使用「扭纏絲」時,必須一手將對方抓臂的手握緊不放,另一手用小指一側的掌緣從對方腕關節的豌豆骨和尺骨小頭的接縫間切入,順其關節緊緊纏繞,破壞和扭傷腕關節的韌帶與肌腱,重則使腕關節脫臼。

(2)使用「扭纏絲」時,還必須利用對方抓住我方的腕臂向他方緊拽的趨勢,抓牢對方的手向懷裏帶。這兩頭一拽一帶,對方的腕關節就容易拉開,將有助於掌緣的切入。

(3)對方抓胸而我用右臂向上格擋的動作,是有意讓對方抓住腕臂的招數,因此應在對方將要抓到胸間的時候,不早不晚地將右臂向上迎起,使對方一抓恰好抓住了腕臂而不是胸間。

十七、降 龍 手

(一) 技 擊

(1)敵我對峙之際,對方進身左手抓住我方的右腕。(圖4-64)

(2)我方迅速使右臂屈肘向上提起,右手隨之握拳,拳心斜朝下;同時,用左手伸向對方左手背上面將對方左手握牢,拇指握緊對方左手的四指,其餘四指則併攏握緊對方左手小指一側邊緣;用右手的前臂壓緊對方的左腕關節從上向裏、向前、向下繞環纏裏;同時,身軀也向前、

向下傾俯逼近，使對方受傷倒地。（圖4－65、66）

圖4－64

圖4－65

圖4－66

(二)要 領

縮肘截腕與纏手截腕同樣是破壞、扭傷對方腕關節和使對方腕關節脫臼的擒拿手法,纏手截腕是用掌的邊緣切近對方的腕關節進行扭纏;而縮肘截腕則是用前臂骨壓緊對方的腕關節進行縮裹,都須繞著對方的腕關節螺旋似的縮纏,若僅僅靠壓對方腕關節是收不到截腕效果的。

十八、僧 縛 虎

(一)技 擊

(1)敵我對峙之時,對方進右步用右手抓拿我方左肩。(圖4-67)

圖4-67

(2)我方迅速使右手伸向對方右手背的上面將對方右手握牢，拇指壓緊對方右手掌指，其餘四指併攏握緊對方右手小指一側的邊緣；同時，身軀向後移動將對方右手向後帶。（圖4－68）

圖4－68

(3)隨即身軀右轉，右肘向下垂，用右手握緊對方的右手向身前、向下扳撐；同時，左手握拳從下向左、向上屈肘弧形繞環舉起，使肘處於對方右臂的上面，拳心朝向身後。緊隨左肘向下沉，用肘後的上臂向下壓砸對方右手的腕關節；在壓砸的同時，兩腿屈膝下蹲，重心下沉，身軀向左轉動，左上臂邊壓邊貼著對方的右腕向下、向前螺旋纏裹，截傷對方右腕。（圖4－69、70）

(4)我方使對方右腕關節受傷之後，左拳變掌，從臉前向右，經右肩前向前、向左弧形繞環擺動，臂內旋使掌

心朝下，用小指一側的掌緣向對方脖頸橫擺劈砍，將其擊倒。（圖4－71、72）

圖4－69

圖4－70

圖4－71

圖4－72

（二）要　領

「僧縛虎」沉肘截腕的要領，也還是在於纏裹，兩腿屈膝、身軀重心下沉是為了加重對對方腕關節的壓力，

身軀向左轉動則是助長左上臂壓腕的螺旋之勢。因之，屈膝、重心下沉，必須和向下壓肘的動作一致起來；轉身則必須和上臂螺旋裹的動作一致。

第五章　少林二十四炮

　　二十四炮乃少林必修之技，是少林寺武僧慣用的交手精招。「炮」的意思並非單指拳招，而是泛指多種招法，並且寓意這些招數乾脆俐索，猛烈強勁。本篇來自秘藏抄本，與眾不同。

一、風　攬　雪

　　我左腿當前，右手向上提，左手照臉一把，急揮右手落到耳邊。（圖5-1～3）

圖5-1

圖 5-2

圖 5-3

二、一　合　虎

我右手照臉一拳，左手對心一拳。（圖5－4、5）

圖5－4

圖5－5

三、龍 探 爪

我左手攔住你右手，右手照臉一把。 反手左右同。
（圖5-6、7）

圖5-6

圖5-7

四、梅 花 炮

我右手照臉一拳，左手照舊，右手照心一拳。（圖
5－8～10）

圖5－8

圖5－9

圖5－10

五、起　火　炮

　　我左手向臉一把代護，右手照肚子一拳，左手照臉一拳。（5－11～13）

圖5－11

圖5－12

圖5－13

六、撩　陰　腳

你右手打來，我左手挑過，右腳踢你小肚子。（圖5－14、15）

圖5－14

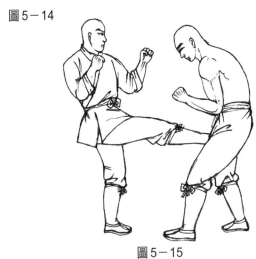

圖5－15

七、捸騙馬

你左手向臉一指，我右手向外一領，左腳踢你左騙馬。（圖5－16、17）

圖5－16

圖5－17

八、通　袖　腿

你左手向心一掌，我右手向外一領，左手直出，左腳
往前一蹬。（圖5－18、19）

圖5－18

圖5－19

九、分襠腿

我右腿當前，你右手來打，我左手外領，左腳踢你右腳；左領右隨。（圖5—20、21）

圖5—20

圖5—21

十、采堂炮

　　你左手劈臉一把，我左手一領，左腿當前上步，右手劈臉一拳。（圖5－22、23）

圖5－22

圖5－23

十一、勒 馬 炮

　　我左手照臉一把，你手來架，我回手一領，隨手打出。（圖5－24～26）

圖5－24

圖5－25

圖5－26

十二、踩　腳　炮

你左手來打，我左手架住，左腳踩住你腳，右手照臉
一拳。（圖5－27～29）

圖5－27

圖5－28

圖5－29

十三、掩 手 炮

你左手撥開我右手；我左手掩住，右手劈臉一把。
（圖5－30～32）

圖5－30

圖5－31

圖5－32

十四、交 合 法

　　我左手打去，你右手拿住；我右手劈臉一把，你右手往外一領；我左肘打你右臉。（圖5－33～35）

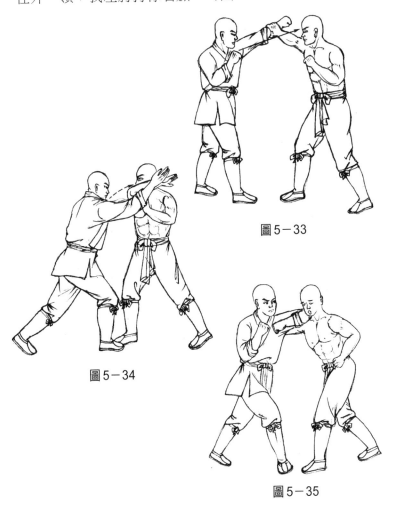

圖5－33

圖5－34

圖5－35

十五、順 手 腳

你左手劈臉一打，我右手向旁一領，右腿踢你。左手一樣。（圖5-36、37）

圖5-36

圖5-37

十六、搜　山　腳

你發左手，我左手往外一領，踢跟右腿，你退左步，我進右步。（圖5－38～40）

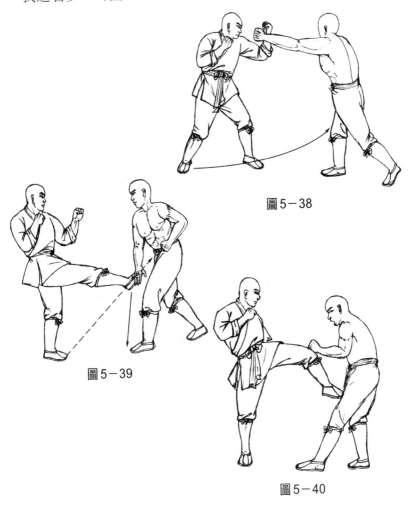

圖5－38

圖5－39

圖5－40

十七、回 溜 炮

　　我右手劈臉一閃，抽身就走，回頭左手領起，右手劈小肚子打出去。（圖5－41～43）

圖5－41

圖5－42

圖5－43

十八、分　心　腳

　　我打箭步，身一束，你雙手來拿，我兩手分起，劈心
一腳。（圖5－44、45）

圖5－44

圖5－45

十九、倒　捲　簾

我束身，撩陰一拳，劈心一拳。（圖5－46、47）

圖5－46

圖5－47

二十、撲地掩捉

　　我左手劈臉一把，你右手挑起，我隨手掠你，前後、左右掩你五行。（圖5－48、49）

圖5－48

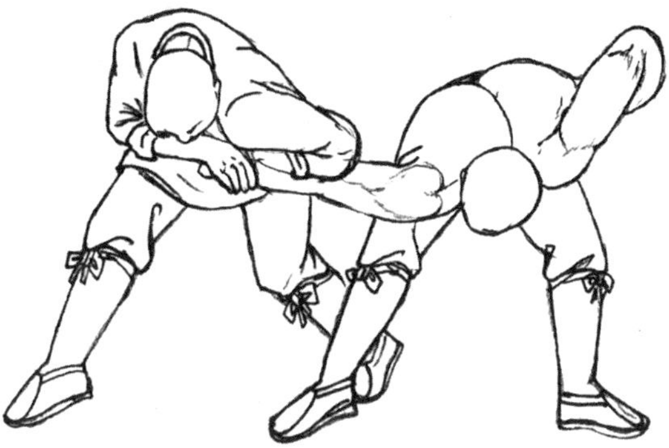

圖5－49

二十一、連 珠 炮

我右拳照耳橫打，你右手就隔，我左手劈心一拳，右手劈臉一拳。（圖5－50～52）

圖5－50

圖5－51

圖5－52

二十二、封　眼　炮

　　我左手一閃，右手照面一打，左手照面起，右手劈心口一拳。（圖5－53～56）

圖5－53

圖5－54

圖5－55

圖5－56

二十三、反 手 箭

你發左手，我右手按住，左手背打，一著五點。（圖
5－57、58）

圖 5－57

圖 5－58

二十四、童子拜觀音

我雙掌推碑，隨即躬身，雙掌插襠。（圖5－59、60）

圖5－59

圖5－60

第六章　少林真傳擒拿

一、擒拿之真諦

擒拿之功用，既異於拳法，又異於各種功夫。質言之，實為專借巧勁，以制敵人之法，固非徒恃拙力者所可同日而語也。蓋與敵人相鬥，敵之實力勝於己，欲與角力，故無取勝之理，乃使巧勁以制之。

所謂巧勁者，於自己原有之實力外，又可借敵人之實力以為己用，即借其力而制之。此所謂四兩撥千斤者是也。拳術中對於使勁一事，本極重要，善於使勁者，所發之力，雖不及百斤，而強敵為摧。不善使勁，雖倍於是，亦不足使敵人折服，皆在於得勢與不得勢耳。譬如提一物，同一重量之物，提之得勢，縱行數里不覺其重；若不得其勢，行未數步，即覺其沉滯矣。此理之至顯者也，故巧勁可勝實力。擒拿一法，完全利用巧勁以制人，故亦名之曰小手。

擒拿於使用巧勁之外，對於人身之筋骨、經絡，亦須明瞭。

蓋人身之筋骨，固有一定，所屬經絡，亦絲毫不紊。而氣血之流行，更有一定之途徑，氣在前行，血在後隨，

某時氣過何穴、血注何經，皆有一定之程式。人之所賴以生者，氣血耳，氣血若有損，或流行不暢，皆足使人全身受其影響，循至力無所施，肢失其用，甚或因而傷及內腑各官。擒拿法之所以必明瞭全身百體之情形者，正欲於氣血循行上著手制人也。

其最要者，唯骨之關節，及筋之位置。因人身四肢之轉動，其重要之處，即為骨節，若無關節司之，直挺直如木棍，又安能轉動耶？故腕之關節受束縛，則指掌失其用；肘之關節受束縛，則臂失其用，此固顯然之事。不必尋求氣血之所在，而即可以之制敵者也。

人身各部之筋，雖大小不一，其位置自有一定，且有主從之分。如果一部以某筋為主，其筋實司該部之一切。若此筋為人所拿，而此一部分必頓時失去其主宰，不復能活動如常。

請舉一例以明之：如大臂一部，鼠蹊筋實為主腦，若有以指拿住我之鼠蹊筋，則我必覺酸楚難當，全臂之力，因之消失，在敵人固亦未嘗用十分氣力，而我已受制矣。故對於全身各主筋之位置，亦須明瞭，然後可以隨手制人。

此外則於穴道，亦須詳知。第一步以氣血循行為主，如我知某時氣血當行何宮，而其穴道，適可用拿法者，即以指拿之，稍用氣力，敵人之氣血因受壓而停頓，勢必全身麻木，不復轉動矣。但此事言之非艱，行之亦殊不易。非於人身之構造，用功研求之，難望其成就也。

且此擒拿法使勁之處，既不用拳，又不用掌，其用以制人，完全在於大指、食指之指面。故人身三百六十五

穴，非盡可拿也。譬如胸、背等處，穴道固極多，皆非可以大、食二指拿之者，因胸、背固不可用指拈取也。可拿之穴，大概在頭、頸、肩、臂、腿、脛等部。總計其穴，不過數十耳。此數十穴中，除頭部如耳根、太陽等主要穴道，拿之可以致命外，其餘諸穴，僅可使敵人感覺酸麻，失其抵抗之能力，並不能致其死命也。制敵之道，能使敵人失其抵抗之能力，於我之目的，亦已達矣，固不必定欲置之死地而後已也。

　　固善擒拿法，恒能於敵人無意之間，運用其二指以制勝，非其力之必過於人也。要在得其勢，而善於使勁耳。

　　此法雖名之曰擒拿，其實擒與拿要有區別，不可混為一談。因手法各自不同，擒有擒之作用，拿有拿之作用，二法可並行而不可混雜也。

　　擒法中對於捉人，本亦有成法，大概可分為陽手、陰手二種。手掌朝天，由下而上捉敵人者，是謂陽手；手掌朝地，由上向下捉敵人者，是謂陰手。無論其為陽手或陰手，其著力之處，在於全掌，即一把統握之法也。

　　至於拿之一法，實非尋常拳術中所有，即以大、中、食三指之指頭，互相叩合，作拈物之狀，以捉敵人緊要之部分，運其功力以制人者。故擒拿之術，其重要手法，實在於拿而不在於擒。唯拿法有時亦不能單用，必借擒法以輔佐之，始可奏效也。

　　大概取敵人之小部分可以單用拿法，如腕脈等處是也。因此等處面積甚小，卻司全臂，以三指拿之，即可成功，故不必擒法之輔助也。至若面積較大之處，如肩、肘、膝等處，皮肉較厚，氣力充足，非三指單拿可以奏

效，必賴擒法以助之也，此為擒拿並用之法。有時亦可雙手同拿，此則須視對敵之情形而定矣。

擒拿之術，既重於拿，而拿法得力處，又在於大、中、食三指，則指頭上之功夫，亦大足驚人也。唯平常之人，實力雖大，用之於拳、掌則有餘，若用於指頭，恐亦感不足，因指端之力，至有限也。擒拿雖善使巧勁之法，然不加功夫，而欲用指端有限之力以制敵，是亦不易見效也。故練習擒拿法者，對於指勁一事，亦須有相當之練習。

指功既成，然後更益以巧妙之法，兩難既並，相得益彰。臨敵之時，輕描淡寫，一舉手間，即可使強敵折服，如吹毛拾芥，不費周章也。唯此法在拿住之時，其人固失其抵抗之能力，但拿手撤去之後，不久即可恢復原狀，非拿要穴，不致有所傷害也。

二、擒拿與點穴之區別

擒拿之法，與點穴頗有相似之處。故在表面上觀之，似無所區別，世人亦因之而相提並論，甚且有謂擒拿即點穴，點穴即擒拿者。殊不知點穴自點穴，擒拿自擒拿，傳者固非一人，法道亦各有所異，豈可並為一談。試一究二法之理由及功效，自不難知其顯然有區別也。

擒拿之異於點穴者甚多，今請列舉之：

點穴一法，其所以制人者，完全在阻止人身氣血之流行，使被點者失去知覺。即考周天定時之理，合氣血循行之道，知某時氣達何宮、血注何穴。就其穴而點之，其穴

既閉，則氣血因之壅積，不能流行，各體之機能，完全失去，即舉動亦有不能，遑論其與人爭持矣。

穴有大小，點有輕重，如遇大穴而重點之，立時致死。大穴而輕點之，亦可克期取命。至若小穴，則僅足使人麻痹不仁，或昏暈不醒人事耳。死穴被點，決無法可救。若小穴被點而封閉，則可以手法治之，或於所點之穴撫摩而使後動，或於相對之穴上，震激之而使流行，不致有性命之憂。

唯其手法，非熟諳此道者不易施也。若不諳手法而施以藥石，非但不足見效，或反因之加害焉。至於點法，大概以中、食二指相並，以指尖點刺之，間亦有用鑿子拳擊擊，然屬少數耳。

故點穴一法，以穴道為主，以指功輔之。若所點者為空穴（按：所謂空穴者，即氣血未達，或氣血已過之穴也），即不能見效，而於骨節筋肉，亦無所涉。即所練之指功，亦專重於點刺一方，如點石功等是也。點穴一法，大概如是。

擒拿之所以異於點穴者，固不止一端。在手法方面言之，雖亦用指勁制敵，但並不用點刺，唯用大、中、食三指相扣之力，作鷹爪攫物之狀，練法則以鷹爪功為宜。至於功效，則此功以輕巧取勝；雖亦有涉及拿穴者，然其主要之部分，則在筋與骨節。

就各部之筋骨，擇其要者，擒而拿之，即足以使其一部分失去原有之機能而受制於我。但釋手之後，不久即可恢復原狀，不致害及肢體；即落手過重，除耳根咽喉等處，足以致命者外，其餘肢體，決不致有性命之憂。雖或

受傷，亦可以藥物治之，非若點穴之必以手法施治也。

拿法中之死穴極少，蓋因胸背等部，不能以三指拿之也。兩相比較，異同顯然。唯擒拿之法，較為輕鬆，似較點穴合用，以其不致舉手殺人也。且制敵能使折服以足，豈必下毒手而喪其生耶。

三、擒拿與治傷之關係

擒拿一術，雖為與人爭鬥，用以出奇制勝之法，然亦並非死手，於制敵之外，亦可用以治傷也。夫武術一事，本與傷科有連帶之關係。凡技擊精者，對於治傷一事，縱不能並精，然亦必略知門徑。蓋語所謂，能殺人者，必能生人也。若但知武事，不諳醫傷，是即謂之死手，其技雖精，實無足取也。

習武者固宜兼治傷科，而為傷科者，亦必兼治武術，因傷科一道，固非如尋常內科之僅恃方案湯藥而治病也。接骨上骱，固有賴於武力，而滌傷打箭，亦全恃乎手法；若不諳武術之人，遇尋常內傷，固可依照成法，施以藥石，對症無誤，即可見效。

若遇筋斷骨折等傷，必須用手法者，力量既感不足，而於一筋一骨之構造，亦不了了，必且束手無策矣。即強作解人，而勉施手術，亦必不能得良好之結果，甚且反因此而發生意外之危險。故凡世人之以傷科著名者，類皆武術名家，此非無因也。故謂習武事者，須知醫傷，習傷科者必治武事，互相為用，始免舛誤。

傷科對於其他武術如此，而對於擒拿一法，尤當特加

注意。因擒拿一法，其最主要者，即人身內部之構造，必先詳知，然後可以出手制勝。其對於一筋一骨之部位構造，必深知之，縱極小者，亦不稍遺漏，尤注意於關節。凡人身之骨，最易受損者，厥為關節之處。因兩骨銜，借筋肉之聯繫而相合，凡受到外面重大之震擊，可使骨立即脫臼而出；即不完全脫離，但使相銜之處，稍有參差，即酸痛麻木，以至全部不能舉動。若遇此等傷勢，若非用手法送之歸臼，即成殘廢。大概須先用一手，擒住其脫臼之下部，向外提拔，使兩骨完全脫離，然後用另一手拿住其關節，摸正骨骸，而送之入臼。此種手法，非擒拿手而何？即此一端，已可見擒拿法與治傷，實有極大之關係，非可以忽視者矣。夫能殺人者，必能生人。

此擒拿之法，用以臨敵，固足以出奇制勝，使強敵折服；用以治傷，則可以使折臂脫脛之人，在一擒一拿之時，立刻消除痛苦而恢復原狀。其術之佳，固非尋常拳腳功夫，所能冀其萬一也。更有進者，若生計豐裕之人，習得此法，凡遇因跌打而受損傷者，為之醫治，拯人於危，亦陰功積德之事。若生計窘迫之人，習得此法，亦可以懸壺問世，借此自活，亦為一種生計。故我常謂學得擒拿法以後，進而學傷科，自屬容易。若為傷科者，則不可不學此技以自助，二者固有不可相離者在也。

四、擒拿與指功之關係

擒拿本為兩種手法，以掌捉人而統握者，謂之擒。此等手法，極為平常，不知武術者，類皆能之。其擒拿之輕

重，則視其人之實力大小而定，且亦不必過分力大。蓋僅以助拿手之勢，並非主要手法也。故此擒手，亦無所用其練習。

至於拿手，既為此術中主要手法，克敵致果，皆在於是，且其主力，完全在於大、中、食三個指頭之上。我試思之，指頭實為人身最小之一部分，其運力全在於指節，尤不若拳、掌之擘擊，猶可借腕臂之力而貫之也。即以實力強大之人而論，三個指頭之勁，能有幾許？力弱者更無論矣。欲以臨敵，縱其善使巧勁，熟知成法，恐亦不能應手奏效也。故學習擒拿法者，必先將大、中、食三指練出一種功勁，可以透入人身，方足以應用。

練此功夫，宜兩手並習，若習單手三指，即不能左右隨意。因擒拿固兩手並行者，如左手擒人，則以右手拿人；若右手拿人，勢必用左手擒人。究竟用何手擒，何手拿？固非如拳法之有一定，要臨機應變，視敵人位置，及我欲拿彼何處，應用何手擒之，何手拿之，始能得勢，使敵人易於受制，不必刻舟求劍，要視其便利而已。

若單練一手拿勁，而敵人所站位置，適與我相反，是則勢既不順，我必感掣肘，而無所施其技矣。譬如我單練右手拿勁者，只能左擒右拿；練習左手拿勁者，只能右擒左拿。敵人居我之前，其位置與我所練者合，其勢既順，擒而拿之，固不愁反應；若敵人之位置，不合我之手法，其勢已逆，而欲以此法以制之，恐不易得手也。

請以拿鼠蹊穴為喻：敵人與我對立，我若欲拿其左臂鼠蹊筋，必用左手擒其左臂之下部，而以右手三指拿其筋，其勢方順；若反是而欲擒其左臂鼠蹊筋者，兩手亦必

互易，宜用右手擒其右臂之下部，而以左手三指拿其筋，方為順勢。若以左擒右拿之法而施於敵之右臂鼠蹊筋，以右擒左拿之法而施於敵人之左臂鼠蹊筋，其勢既逆，自難望其手到成功也。

此猶為左右互行之法，已可見學擒拿法之人，對於指功，不能單練一手矣。其餘如雙手並用者，如敵人在前，而我欲從後拿其肩井穴，勢必雙拿，始可有效。若單拿一面，彼一轉側間，即可脫去，是尤非只手之力所能及也。故無論練習何種功夫，寧習而不用，卻不可不學習完全，日後應用之時，難免有掣肘之患也。

五、擒拿須尋筋相骨

擒拿一法之制人，既重在骨之關節，及筋之主從，是則對於筋骨各部之位置，必先完全明瞭，毫不錯誤，始能切於實用。亦正如點穴法中之尋經認穴也。如不明於此，絕難望其應手奏效也。

尋筋相骨之事，在擒拿法中，其重要如此，然吾人欲能尋筋相骨而不誤，亦非易事。若無有相當之練習，亦不能熟悉也，且練習之法，雖不甚複雜，故欲完全瞭解，絲毫不爽，亦非旦夕間，最少亦須費一年苦功，始可達其目的。

練習此項尋筋相骨之法，亦可分為數步：

起始之時，不妨於書本中求之。先將各筋各骨之名稱，熟讀而謹記之，更於畫圖中而尋求各筋骨之部位。某筋為某部之主宰，某骨與某骨相接合，以及筋所附之前

後，骨所居之正反，皆須熟知。

起始功夫完全後，更進一步，而與人盤問，或我舉一筋一骨之名稱為問，命人答其位置及構造狀態；或命人任舉一筋一骨之名稱為問，而我答其位置及構造之狀態。互相盤詰，遇有疑惑，則可於書本中對證之，此一步功夫，較諸死讀硬記，易於進步。亦正各學生之默書，較背誦為佳也。

名稱部位，既熟讀而謹記，與人互相盤詰，亦可完全無誤，然此尤為死法，而非實驗活用之道，未必能切合實際也。故又須進一步而使之實驗。練習實驗之法，宜取塑制骨骼一副，各骨齊全，不可稍有缺損。乃將各骨雜亂之，而使練者依據其所知之部位，一一湊合之，而成為人形，毫無錯誤而後已。在入手之始，難免有誤，習之既久，自能無誤。然此種湊合，雖用手法，猶借目力之辨別骨節之為何名，而屬於何部也。

更須進一步於暗中練習之，亦將骨節雜亂，練者信手取一骨，用手撫摩而斷定其何骨，當為何部，乃依其位置而安放地上。如此逐一摸去，將全身各骨，完全湊合，一無錯誤而後已。

在初時必不能如願以償。蓋以手撫摩，雖能知其名稱部位，然終不若以目力辨之為易也。練習至此，最速亦須一年以上，凡練至能於暗中湊合全部骨節而無誤，其爛熟可知矣。

至於筋之部位，雖不能依上法實習，但筋附於骨，本有一定，是不難於骨之名稱部位，推想而知之，是在練者之死法活用耳。若刻舟以求劍，未見其有所得也。

六、人身骨骼述要

人身之有骨骼，亦猶屋宇之有樑柱，乃用以支柱全身柔軟之肌肉，而使之營種種之動作也。骨之外面，堅硬平滑，而內部則粗鬆，色蒼白，形狀至為不一，方圓長短，無所不有。蓋以所居之部位之不同，形態亦隨之而異，所以各適其用也。

統計全身之骨，多至二百餘枚，彼此聯絡而成人形。其種類之複雜，名稱之繁多，實非片言所可盡。就大部分言之，可以區分為兩類，即軀幹骨與四肢骨是也。

凡頭部各骨，及脊樑胸肋等骨，統稱之曰軀幹骨；而手足兩部，以及其附屬之骨，則統稱之曰四肢骨。在此兩類之中，又可區分為若干小部分，每一部之骨數，亦多少不等。有兩兩成對者，有獨一無二者，有形似而因部位之不同而異名者。

種種不一，今且不論，在此二百餘枚骨殖之中，又可分為固定骨與可動骨兩種。固定之骨，大概在軀幹骨一類中為多。蓋其位置固定，不能轉動者，如頭蓋肋骨等是也。可動之骨，大概在四肢骨一類中為多。蓋其位置雖亦有一定，而可營造種種動作，任意屈伸，如肘、腕、膝、踝等骨是也。進一步言之，凡固定之骨，其功用實為保護內部之主要器官而生。

可動之骨，則專司外部轉動之事，唯究其骨可動之理，全在乎筋肉之伸縮為動作，而兩骨銜接處之關，實為骨骼轉動之主要關鍵也。故關節者為聯絡兩骨而兼司外部

轉動者也，大概可分為自佐關節、蝶番關節、車軸關節等數大類。而肩胛、臂、肘、髀臼、膝等各部關節分屬之。

以上數種，實為人身最大之關節，其骨端之形狀，及轉運之情形，亦各不同。唯兩骨之相接，必分陰陽兩種情態。陽為骨端，凸出於外；陰為骨臼，凹入於內。其臼之形狀，雖各部不同，要皆與互相銜接之骨端形狀，完全吻合，而骨端之入臼，始無鑿枘之弊，而得轉動隨意，不致有抵觸之虞。關節若受損傷，則骨端離臼，必使被傷之一部，失其轉動之能力。此擒拿法之所以重於關節也。

在骨端與骨臼之間，必有軟骨為之聯絡，此軟骨之效用，一可以連綴兩骨，使之切合；二可以防骨端與骨臼之相磨，而受損害。此等軟骨，其質地極為柔韌，且富有伸縮之力，又足以助骨之轉動也。此骨實類乎筋，包纏於骨端、骨臼之外面而使兩相切合。吾人試取獸骨之肘骨一觀其狀，即可了然矣。

今將各骨之形態及關節之部位，擇要摘錄，以資參考。

（一）頭　骨

此骨由頭蓋耳面鼻等骨各部所組成，集無數小骨而組合，成左右八塊，因頭骨等部，皆為總名。

每部實皆有無數小骨之組合，並非一塊也。此與擒拿之法無涉，故不詳述。

（二）脊　骨

脊柱為吾人全身之基柱。位居軀幹後部之正中，為二

十四小骨所合成。上部頸椎，其數凡七；中部胸椎，其數凡十二；下部為腰椎，其數凡五。三部相合，而統名之曰脊柱骨。

(三) 鎖　骨

此骨之位置在胸廓之上端，與胸骨及肩胛骨相銜接，因其細長彎曲而如鎖形，故名。

此骨於運動及一切操作，功效極大，而足以輔助肩臂之各骨也。此骨可以用拿法。

(四) 胸　骨

此骨之位置，在軀幹前部之正中，而介於肋骨之間，自上面第二肋起，而至下面第七肋止。上部之兩旁，與鎖骨相接。

(五) 肩胛骨

此骨之位置，在胸廓後部之上方，左右各一。俗稱飯匙骨。其形為扁平，三面有角，而角度不等。與鎖骨及上膊骨相接合，至前面而成肩胛窩，亦稱肩井。此骨又似蝶骨翅形，前後皆可拿。

(六) 上膊骨

此乃管狀之長骨，其位置則上一端與肩胛骨相連，骨端作球狀；下端則與前膊骨相接，為扁平形。

骨幹之上部為圓柱形，下部為三棱形，外有結節而內有細溝，左右皆可拿。

(七) 橈 骨

此骨為前膊骨之一部分，為三角形之管骨。上部為扁圓之柱狀，末端與手骨相連處有三角關節，位於前膊骨之外側，較尺骨為大，而與上膊及尺骨相銜接。此為拿法最易著手之處。

(八) 尺 骨

此骨與橈骨相合，而組成前膊骨，與上膊骨及橈骨相銜接。亦為三角形之管骨，上部強大，下部為半圓形，位於前膊骨之內側，尺橈二骨之中間，成一狹長之空隙，亦左右可拿。

(九) 腕 骨

此骨又名手根骨，其位置在前胸骨與掌骨之中間，共有舟狀、半月、三角、豆骨、大小多棱，有頭、有溝狀等八骨組合而成。其形甚短，皆互相聯合，不能單獨運動，一塊動則其餘七塊亦必隨之俱動也。亦為拿法中之大關鍵。

(十) 手 骨

此骨合掌骨、指骨二部，而統稱之曰手骨。掌骨位於腕骨與指骨之中間，共為五枚，稱為第一掌骨。以數目為序，第一掌骨最短，而粗大異常；第二掌骨則最長，唯較第一掌骨為細；其餘三指微有參差。至於指骨，位居於掌骨之前端，亦以數目為序，而稱第一指骨第二指骨也。共

為十四小骨所組合而成，其中唯第一指骨為二骨，其餘四指，皆有三骨，合如上數，各骨相銜接處，俱有關節司轉動，亦左右可拿。

（十一）盂　骨

此骨居於人身軀幹之下部，以形似盂盤而名，與大腿骨相銜接。男子狹小而長，女子寬大而短。此骨不可用拿，故不詳述。

（十二）胸　椎

此骨為扁平而略帶長方形者，上部廣而且厚，稱手柄，自第二肋骨而下，達第七肋骨止。介於中間之胸骨部分為劍身，其下一小部分，則為劍尖，幼時分三骨，及長乃合為一。其位置則於脊柱前後相對，亦不可施以擒拿者。

（十三）肋　骨

此骨為環護人體之上部者，左右共十二對，上部七對，以肋軟骨連接於胸骨，名曰真肋骨；其下部五對，不連於胸骨，故名為假肋骨。唯假肋骨之上部三對，雖不連於胸骨，中間就有軟骨相連；其下二對，亦無連接之處，左右相對，分居胸骨之下，若肋若浮，故名浮肋。此部骨極脆弱易折，唯不適用擒拿之手法。

（十四）腰　椎

此即脊椎七骨以下之總稱，說詳脊骨條，亦非可以施

用擒拿之手法者，故略之。

(十五) 藤　骨

此骨位居腰椎之末，共五小骨密接構成。永不運動之骨也。亦脆弱易損，不適用擒拿法。

(十六) 髀　臼

此為骨之凹陷，關節相連處，髖骨之位置，本居於骨盆之兩側，而以髀臼，即在髖骨之外側，其陷甚深，而呈圓臼狀。即容留大腿骨上端之處也。髀臼與大腿骨上端相接合，連綴以軟骨，而成為大腿關節。此一關節亦為人身最重要之部分，與上部之肩胛骨，功效相同，唯外部筋肉較厚，以司全腿之動作。此部可用擒拿法制之。

(十七) 大腿骨

此骨之位置，在髖骨外側之下部，上端銜接於髀臼，而下端則連接於膝蓋骨及脛骨者。此骨在人身之管狀骨中，最為巨大。上端與髖骨相接之處，其狀如圓球；其中部則略作三棱形；其在下之一端，則有突出之圓形，蓋以連接於膝蓋骨，其一則與脛骨相銜接也。

此骨之關節處在擒拿法中，極占重要，在上部則有前膊骨，在下部則有大腿骨也。

(十八) 膝蓋骨

此骨之位置，適當大腿骨下端之正中，即與其靠前面突出之圓形相銜接；膝蓋骨之下面，則與脛骨相連屬，故

實介於大腿骨及脛骨之中間，唯位居前方，不啻為兩骨前面接合處之掩蓋器具，故名曰膝蓋也。此一關節，實司腿脛兩部分之活動，在擒拿法中，所占之地位，亦甚重要。

(十九) 腓　骨

此骨之位置，在下腿之外側，與脛骨並行。唯在上之一端，不直接於大腿骨及膝蓋骨，而靠著於脛骨上端與大腿骨相連之外踝下側；而在下之一端，則突出於脛骨下外踝之下，而與距骨相接合，上部略方，中略成三角形，而下端則成平扁三角形。

此骨為輔助脛骨以支拄下腿一部，而作種種活動者，在擒拿法中，亦甚重要。

(二十) 脛　骨

此骨之位置，在下腿之內側，與腓骨並行。其在上之一端，緊接於大腿骨之下端，而前面則與膝蓋骨相連屬。此骨亦呈管狀，而較腓骨為粗大，上端作扁平三角形，較全骨更大，中部作圓柱狀。而下端與距骨相接處，則略成方形。二骨之中間，亦有狹長之空隙，最宜於拿法。

(二十一) 跗　骨

此骨亦稱足跟骨，其位置在脛骨與腓骨之下方，為距骨、舟狀骨、楔狀骨、骰子骨等七塊小骨互相連綴接合而組成足跟，而與下腿骨之下端各部相銜接。下面則接蹠骨。故此骨實介於下腿及蹠骨之中間，與上部之腕相似，唯銜接之形狀稍異耳。

此骨之關節最脆弱，稍受震擊，即易損害或脫臼，其所占地位又小，故最合於拿法，即單拿亦足制人矣。

(二十二) 蹠趾骨

蹠骨之位置，實居於跗骨趾骨之中間，其後端則接連於跗骨，其前端則與趾骨相銜接。數共五枚，亦以數目為次序，稱第一蹠骨第二蹠骨也。此骨為圓柱形，第一蹠骨最短，第二蹠骨最長。趾骨亦冠數目為名，共為十四枚。唯第一趾（即大趾）骨為二節，其餘四趾，則各為三節。

此為骨中之最小部分，雖亦有不少關節，即拿之亦不使奏大效也。

七、 人身筋絡述要

吾人身體各部轉動，雖賴乎骨幹之力量，與夫關節之靈巧，而使各部轉動如意，無所捍隔，殊不知骨幹之運動，非骨幹之自動，全賴乎人體各部筋絡之伸縮，而骨幹始感應隨之而營種種動作。故骨幹者，實司支柱全身柔軟筋絡之職；而筋絡者，實司運動各部骨幹之道，其開合屈伸，則關節司之矣。三者可相合而不可相離者也，合則互相為用，各極其妙，分則各失其效，無亦可用。且骨幹之連接，雖有關節從中為之湊合，若無筋絡包被於外，使之堅牢穩固，恐縱有關節，亦不能禁其易於脫離也，況其運行之道，猶在於筋絡乎。

究筋絡能運行骨幹之理，亦甚明顯易解，蓋在弛張二字中也。筋絡鬆弛，則為靜止之時；筋絡緊張，則為運動

之時。一弛一張，即一靜一動，吾人試以手握拳，則非但掌部之筋絡現緊張之象，即臂部以上之筋絡，亦必受其感應而突起暴露也。若握拳而欲使掌臂等部之肌肉鬆弛，世間恐無其人。反之，若在筋絡鬆弛之時，而欲運動其骨幹，恐亦如自坐於凳，而欲並其凳而拔起之，縱費心機，必難如願也。

　　此理至顯，不難索解，筋絡於人身之功效既如此，是我人對筋絡，宜如何寶貴而維護之。蓋何處筋絡稍受傷損，即失其效力，不復能運行其所屬部分之骨幹矣，其關係詎不大哉。擒拿一法注重於筋絡骨節，其意本在此也。

　　良以筋絡為柔軟之物，最易受損，而骨幹之運行，又全仗其弛張之力。故每於此等易損之處而制人也。筋之總數，較骨骼為尤多，共五百二十餘條，其形狀之複雜，與功效之各別，實非片言所可盡。

　　有兩兩相對者，有獨一無偶者，有細如遊絲，合組成一者；有長至數尺而上下相連，縱列橫纏，斜緣歧出，其形式既有所不同，而部位亦各自相異。質言之，其所以不同者，正因各部之活動態狀，固無一定，於是不得不求其適合其活動之情形而其狀矣。

　　筋絡與擒拿既有深切之關係，凡學習擒拿法之人，於筋之形狀位置及所專司之部分等事，固不容不有相當之研究，熟悉之後，始可望著手見效。不致受制於人，且遇有筋蜷、臼脫等意外之事，亦可以依其狀態部位而加以醫治，不致瞠目結舌相視，束手無策。

　　若將全身之筋絡，一一舉其名，頗覺累贅，茲將合於擒拿法，而可以制人之主要筋絡摘錄於下，以茲參考：

(一) 笑　筋

此筋屬於面部之一，口骨之兩側，各為三筋，專司口角之運動。此三者之中，有一枚專表示笑態者，即笑筋。按凡筋之在顏面者，除為聯絡各部，大概皆表示喜怒哀樂者也。擒拿法中，除背筋、胸筋等部，不能以拿法取之，以外各筋，大約皆可拿取，唯其功效之大小，則須視所拿之筋，是否重要而定之。即如此笑筋，唯主顏面一部分，在全身並不關涉，雖可拿取，其效力實無幾許，然在順手時拿之，亦足使人猝不及備，而受制於一時也。

(二) 耳　筋

耳輪諸筋，其狀極細小，而能力亦最微弱，竟不能自營運動。唯畜類中，其耳大而能自動者甚多，如兔犬馬騾等，皆巨大而能自動，人則完全不能，此指耳輪部分而言。至於近耳處之各筋，如僧帽筋、耳後筋、胸鎖乳嘴筋等，則與腦部有極大之關係，在人身各筋中，亦占重要地位，不若耳輪筋之細弱也。

在擒拿法中，耳輪筋完全無關，而耳後筋等，如被拿用力過重，非但可以制人，且足以昏暈，甚或廢命也。

(三) 屈　筋

人身四肢之所以能運用自如，而營種種操作者，端賴乎骨骼之支柱，筋絡之伸縮，與夫關節之靈妙也。所謂屈筋者，在其中尤為重要。此種筋絡，各關節處皆有之，固不限於部分也。雖以所居之位置不同而異其支名，然可統

稱之曰屈筋。其位置皆在四肢各關節之內側，此筋如伸
張，四肢即直。此筋如收縮，四肢即屈，其功效之大如
此，若屈筋被拿，必猛力收縮，則被拿之一部，必因之屈
而不伸。而失其運動之能力，受制於我矣。

故屈筋不論其所居地位若何，在擒拿法中，原為最重
要之部分，是宜特加注意者也。

(四) 伸　筋

此伸筋與上述之屈筋，其部位功效，適完全相反，而
在四肢之關節間，實同占重要之地位。而不容忽視者，此
筋在四肢關節處，不論何部皆有之。支名亦各不同，以其
司四肢之伸直，故可統名之曰伸筋。其部位皆居於各關節
之外側。此筋伸張，四肢即屈；此筋收縮，四肢即直。

其功效與屈筋同，若伸筋被拿，必猛力收縮，則被拿
之一部分，亦必因之直而不屈，勢不能任意伸縮，其抵抗
之力，隨之消失，而受我之制。不論在何種關節處，皆可
拿之。擒拿法中，亦為重要之部分也。

(五) 筋　腹

人身各筋，大概皆可為首腹尾三部。筋腹質地極為柔
軟，而色澤光滑，有如綢絹，堅韌異常，其形狀則種種不
一，或細而長者，或粗而短者，或薄而扁平者，其異形之
故。要皆由於部位之不同耳，唯筋腹之功用，則完全相
同。筋絡之附著於骨幹，或筋絡與筋絡之接合，全賴筋腹
之力，為之互相牽引。此等筋腹，吾人能於豬羊肉中見
之，試取有骨之肉類食之，其肉與骨銜接之處，中間必有

一筋以連綴之，此即筋腹是也。即以豬肉而論，非煮至極爛之時，則肉與骨必不易使之分離，此即筋腹之功效也。故在擒拿法中，亦極重要。

（六）筋　尾

筋首與筋尾，形狀不同，然其功效，則非若筋腹之以聯絡骨與肌肉，或聯絡肌肉與肌肉，而使之互相吻合，純以包覆骨頭，使外面不易損傷之要件也。首尾之功用形態，雖異乎筋腹，然其保護骨幹，使不受外面之侵害，而維持其活動之能力則一也。要之人身各器官，各有其妙用，而不可或缺，此一部在擒拿法中，亦極重要。

（七）筋　膜

筋膜一物，是為連接二筋或數筋之要具也。如有數枚筋肉而匯聚接合，成為一束；若中間無一物以間隔之，則日久之後，且併合為一，而不可分離矣。故在眾筋接合之中間，必有筋膜以隔之。其膜色白而極薄，試以牛羊等肉剖驗之，見有小筋頭數枚，雜於一處，而下端相連者，順其肌理，用手撕之，其筋必能逐一分開，而白色之薄膜，亦可於此時而發現矣。

此種筋膜，在身體上固然亦占重要位置，而不可缺少，然在擒拿一法之中，則無甚關係，蓋此膜既薄而不易尋求，即傷之亦不至害及大體也。

（八）腓腸筋

此腓腸筋為擒拿法之重要筋絡，亦為膝部之主要筋。

膝關節之構造，固與別種骨幹不同，而專司大小腿之活動。此腓腸筋即為膝關節中之主筋。而使大腿骨與膝骨、脛骨相連合，其位置居於膝部之外側者，稱為外腓腸筋；而在膝部上面之居中者，則稱為中腓腸筋。凡腿脛等之一切活動，皆賴此筋以司之。若此筋受傷，則下部完全失去其原有之能力。甚至不能直立與步履。

此筋並不巨大，故最易拿取而制人也。

八、拿穴述要

擒拿與點穴之不同，前已詳論之矣。人身穴道，共有三百六十有奇。在點穴法中，按照氣血流行之途徑，依時點穴，可使氣血閉塞，全身失其機能。

唯點穴完全主重穴道，而擒拿一法，則以穴道為輔，因全身無數穴道中，可用拿法者甚少。依少林拿穴譜，只有二十四穴可拿。而此二十四穴，拿時是否可必其不為空穴，尚在不可知之數。且擒拿以施用巧勁取勝，即不必定拿穴道，已足勝人，亦不必一定取穴道也。唯在可拿之二十四穴中，而默忖其氣血之頭，循行至何處，如適當穴道，亦不妨拿而制之。若各穴俱空，是宜另用手法以拿別處，不必多此一舉矣。唯拿在實穴，閉住氣血之後，必用手法救治之，始可復元。故學擒拿者，穴道一事，雖不必盡知，然對於此可拿之二十四穴，卻不可不完全不知。寧備而不用，不可以其不常用而不備也。

此可拿之二十四穴中，亦有暈穴、死穴之分。但其中死穴甚少，蓋其穴除在頸項等處之幾個足以致命者外，

其餘之穴，大概皆在四肢各部。此等所在之可以致人死命者，為數實不多也。至於暈穴，即使被拿，亦不過昏暈而失其抵抗之能力，久久不治，雖亦足以影響內部而害及全身，而成麻痺、瘋癲等症。若及早依法治之，或施以手法，或進以藥餌，亦可立刻恢復其原狀。

蓋其在被拿之時，穴門被閉，氣血致不能循其原路，向前運行，故而昏暈，若以手法將所閉之穴開啟之，則氣血之循行，既復舊觀，則全身自無復隔閡矣。

唯有一事，為手法所不及而必賴於藥石者，即穴閉過久是也。所拿之穴，雖不足以致死，以久閉之故，去其應到之部位太遠，即將穴開啟，而氣血之頭，已不能急瀉直下，而達其應到之處，勢必因此而違逆其周天定時運行之理。譬如子時氣血應至何宮者，今乃閉之，至寅卯時而啟之，氣血即能運行。

但其運行之道，尚在子丑相交之部分，而決不能達到寅卯時應到之宮，如是其理已逆，為害至大，偶不注意，必有殘廢之虞。是則於手法之外，更宜用藥物以進之，使調和氣血，以復其運行自然之理，不致殘及肢體也。

擒拿法雖不以穴道為重，然有時亦不能完全不拿穴，故於此等事，亦應加以注意，否則但能制人，而不能醫人。一拿之後，敵固失其抵抗，我若更欲使之復蘇，勢必束手無策矣。

茲將拿穴法中二十四穴，述之於下：

(一) 太陽穴

此穴在前額之兩側，左為太陽，右為太陰。今人統稱

之曰太陽穴。為頭部之要穴，在二十四拿穴中為死穴，拿之極輕，亦足使人昏暈，稍重則可克期取命，若落手太重，必立即致死。

(二) 天容穴

此穴在兩耳之後面，與耳棱平行，在風翳穴之外側，天窗穴之上面。為頭部後面之要穴，在二十四拿穴中亦為死穴。

(三) 風府穴

此穴在後腦下部之中央，居腦戶之下，啞門穴之上，而與左右風翳穴平行，為單穴。亦後腦之重要部分，而為拿穴中之死穴。

此穴被拿，非但立刻昏暈，且肢體發痙，無可救治。

(四) 天柱穴

此穴在啞門穴之兩旁，而居於左右至枕穴之下面，左右各一。雖不若上述各穴之觸手致人命，然在二十四穴中，亦係死穴之一。

若被拿住，輕則立暈；若落手稍重，亦必致死也。

(五) 廉泉穴

此穴在頸項之前面，位居正中，而適當承漿穴之下方，天突穴之上部。即喉之中部，在頸項上占重要之地位，而在拿穴中亦為死穴之一。若此穴被拿，即使落手稍輕，亦足以使人即刻氣閉而死。

（六）肩井穴

此穴在肩尖之內側，即肩胛骨與鎖骨之間，陷下之窈窈中，故亦名為肩窩。位居肩衝穴之斜下方，而在天鼎穴之外側，亦左右各一。

此穴雖非死穴，然一被拿住，則全身即軟綿無力，神志雖極清醒，而肢體卻不能轉動矣，在暈穴亦為大穴。

（七）巨骨穴

此穴在肩井穴之外側，而介於肩顒缺盆之間。亦左右各一，即肩骨與上臂骨相銜接之處，而肩尖之中央也。在二十四拿穴中，亦為暈穴之一，唯略遜於肩井。

（八）臂　穴

此穴在巨骨穴之下面，大臂上部之中央，而介於臑會穴天泉之間，為大臂上要穴。亦左右各一，在點穴法中，歸入麻穴。在此則除死穴外概稱之曰暈穴，若被拿，則酸麻而倒。

（九）五里穴

此穴在臂臑穴之下面，而居肘窩 之上側，亦為上臂部分緊要之處，左右各一。拿之亦足使人失其轉運之能力。

（十）曲池穴

此穴在肘關節處，即上臂骨與小臂骨接合之中間。位

居前面之外側，在肘窩之下，三里穴之上，亦為臂部重要之部位。而在二十四拿穴之中，雖不致命，其暈力亦甚大也。

(十一) 少海穴

此穴之部位，與曲池適相反，蓋彼在肘關節之外側，此則在肘關節之內側也。在大小臂骨接合，將臂垂直，其內側必有一陷下之窩，而少海穴即在此窩之中部，左右各一。其在拿穴中所占地位，亦甚重要。

(十二) 曲澤穴

此穴在小臂之上部，位當臂之前面，與後面之四瀆穴遙遙相對，在尺澤之下面，而介乎少海穴三里穴之間。在拿穴中亦為暈穴。

(十三) 陽池穴

此穴在腕與前臂骨相接之處，居於手之背面，在虎口之後上，掌背之內側。下為合谷穴。其穴左右各一，在腕臂之間，亦占重要地位。在拿穴亦為暈穴之一，其功效不亞於曲池也。

(十四) 陽谷穴

此穴亦在腕與前臂骨相接之處，手之背面，唯部位則與陽池穴相反，彼居於掌背之內側，此居於掌背之外側。兩穴相並，並不參差，其地位之重要亦相似，暈穴中甚重視也。

(十五) 脈腕穴

此穴在腕之前面，腕關節上部之小臂處，靠近大指一方面，即尺橈二骨接合中之陷凹也。俗稱為脈門，即醫生診病時把脈處之中央。此穴實人身之總樞，腕部之重地。若被拿住，非但易於暈倒，設用力過猛，或歷時過久，皆足以致人之死命，故在拿穴中亦為死穴。

(十六) 期門穴

胸部諸穴，雖星羅棋佈，然可拿者甚少，期門穴亦在其一也。此穴在乳旁略下之處，左右各一，在將台之外側斜下方，而居於肋骨之縫中。若被拿住，輕則昏暈倒地，重則致命，無可救治。

(十七) 章門穴

此穴之位置，在期門穴之下方，前腰之上部，適當肋骨盡處，即浮肋骨末支之下，與後面之精促穴遙遙相對，亦分左右章門，其部位不同故也。此穴在二十四拿穴之中，亦為死穴之一。若被拿住，運力稍輕者猶不致即死；若用力過分，立刻廢命，不可救治。

(十八) 鳳尾穴

此穴在人體之背面，當精促穴之上方，而在背部之外側，左右各一。與期門穴前後遙遙相對，而居於後肋骨之骨縫中，與脊心穴平行。此為暈穴中之大者，如被點或拿，時辰不誤，則被拿者一經著指，即氣逆血閉，頓時暈

倒；如點拿過重，或歷時過久，亦足以害及內腑。

(十九) 精促穴

此穴位居於鳳尾穴之下正方，而在後腰之上，即後肋骨下面盡頭之處，亦左右各一。而居背部之兩外側，部位與鳳尾穴相同，特上下尺寸有異耳。

此為死穴中之小者，若被拿尚輕，亦止昏暈，施以手法，不難挽救；若被拿過重，則當時亦不致馬上即死，但可限期取命，然尚可用藥石救治也。

(二十) 白海穴

此穴不在軀幹部分，而在大腿之內側，與外側之環跳穴遙遙相對，亦左右各一。在腿部實占重要位置，而為極大之暈穴。唯腿部肌肉極厚，最不易拿，非用極大力量，不足以見效也。

(二十一) 委中穴

此穴在腿之背面，而居於膝蓋骨之正後方，即大腿骨與脛骨接合之處，即膝彎凹陷之中央，在大小關節之部分。在拿穴中亦為暈穴。

唯其處肌肉薄弱，較之諸白海穴易於施用手法，只須時候準確，不必多用氣力，即可使人暈去。

(二十二) 築賓穴

築賓一穴，位於小腿部分，居於內側，適當腓骨與脛骨上端之中間，在交信穴之上部。此處肌肉飽滿而突出，

俗稱為黃魚肚皮者是也。在二十四拿穴中，亦為暈穴之一。唯其肌肉雖不及白海之厚，而較諸委中穴則較厚數倍。故欲拿此穴，落手宜乎稍重，輕則不易見效。

(二十三) 公孫穴

此穴在足部，即踝骨與脛骨接合處之凹陷中，而居於踝骨內側之下方，位於大鐘穴之後面，左右各一。

此穴為足部之要穴，亦主昏暈，如被人拿住此穴，即腰酸骨軟，不能自持矣。

(二十四) 湧泉穴

此穴在足底部分，位居正中央，與足背之陷谷穴遙遙相對。此穴亦為人身各穴之總樞，最易受傷，若然被拿，落手輕者，亦能限期取命；若落手過重，則立刻身死。任爾手法藥石，要皆無可救治，故為最大之死穴。

以上所舉二十四穴，死、暈皆有，然非在萬不得已時，慎勿輕拿死穴也。

九、擒法述要

擒與拿之為二法，前已詳論之矣。若言擒法之功能，僅足以輔助拿法之不足，實不能即用擒法以制敵決勝也。在表面上觀之，似其重要，不及拿法，然有時拿法亦不能單獨制人，必借擒法之輔佐。

故擒之與拿，可相合而不可相離。唯拿法有時可以單用，而擒法則完全不能單用，為稍異耳。

　　擒與拿必為兩手互用者。如以左手擒人，則拿人者必為右手；如用右手擒人，則拿人者必為左手。此一定之手法也。

　　擒之手法略可分為兩種，即正擒、反擒是也。如：敵人用拳擊我迎面，以尋常拳術中之手法而言，非架即格；但我亦可以讓過其拳，手由下上舉而握住其臂（按：此握法，必虎口向內者），然後，再用拿法制之，此為反擒。如：敵人舉足踢我肚腹，在尋常拳法，非挑即斫以禦敵。但我亦可以舉手綽其脛，更以拿法制之（按：此握法，必虎口向外者），此則為正擒。

　　擒法並不須用多少氣力，但以能接住敵人之手足，使暫時不能脫去，即為已足。蓋一方擒，一方拿，不轉瞬間而敵人已受制於我矣。擒法有時亦及於軀幹部分者，但甚少見耳，可於各部擒拿法中求之。

十、拿法述要

　　拿法專以制敵決勝者，用時固不若擒法之簡便，不論如何接握，皆無妨礙，但視其擒時之便利而定也。

　　若拿法者，其主旨既在制人，勢必擇敵人易於受制之處而拿之。若拿在不緊要處，即失去擒拿之本意，而不能應手奏效矣。

　　其拿法中最重要者，厥唯筋絡、關節、穴道三事，蓋非此不足以制人也。三者之中，以關節為最易，因各部關節多顯於外，易於摸正也。若筋絡者，則隱於皮肉之內，非有相當經驗者，不易應手而得，故較關節為難尋。至若

穴道，雖有定所，卻繁複異常，而其所占之部位尤極小，若非用過苦功，經驗宏富者，不易尋得也。

拿法固亦有正拿反拿，唯無論其為正為反，其用力之處，則完全在大、中、食三指，並不用掌、拳之力，有時且單用大、食二指。凡虎口向外，大指在陰面以拿人者，謂之正拿；虎口向內，大指在陽面拿人者，謂之反拿。

有一手擒而一手拿者，有雙手同時並拿者，有單用一手拿，而並不須擒法者，是則在乎審時度勢而用之。用何種手法為合宜，即用何種手法，切忌固執而不化，蓋無論何事，皆貴乎實用也。

十一、耳根之拿法

頭部可拿之處甚少，且不拿則已，拿必致命。蓋頭為人身之主宰，生命之中樞也。耳根有穴曰天容，若被拿立刻致死。即不拿正穴道，用力過甚，亦足以克期取命也。故習此者，對於頭部各處，多不肯輕易下手，恐防失手殺人也，戒之，戒之。

至其拿法，卻用單拿，並不用擒法為助。

如與敵人對面而立，我欲拿其左耳根，則可以用右手叉住其下顎，而以大拇指按於敵人左耳之後面凹陷中，運力拿之。如對立而欲拿其右耳根者，則用左手如法拿之。

如敵人背我而立，我欲拿其右耳根者，則用右手叉住其後頸，以大拇指按於敵人右耳之後面凹陷中，運力拿之。如背立而欲拿左耳根者，即易左手依法行之可也。

但無論其正立背立，拿左拿右，不被拿則已，如被拿

住，輕則頭目昏眩，暈倒於地；重則立即斃命，無藥可救。蓋以耳筋通達於腦府，相距又極近，故其效之速，較諸軀幹各部為尤也。若拿在天容穴上，而氣血之頭，又適達是宮，即拿之甚輕，亦不可濫用。（圖6-1、2）

圖6-1

圖6-2

十二、太陽之拿法

左右兩太陽穴，位居前額之兩側，其在頭部，地位之重要，不亞於耳根。蓋耳根雖通連腦部，然猶仗筋絡傳達其力；若太陽穴則直接於前腦，其間僅頭骨之縫隙，稍有阻閡耳。因此穴實居前額骨之翼縫中也，故稍用氣力，即足使腦部直接受其影響，而致暈或死也。

唯拿此穴較耳根為難，以前額較闊，頗不易著手，且只能在前面拿，而不能從後面拿。前面拿則敵人易於看見，而先事預防或閃避也，其法亦用單拿，而不必擒手為助。

如敵人與我相對而立，我欲拿其太陽穴者，即可撐開右手之虎口，乘其不備，突出以拷其額，大拇指按住其左太陽穴，中、食二指，按住其右太陽穴，兩面使力攏入。

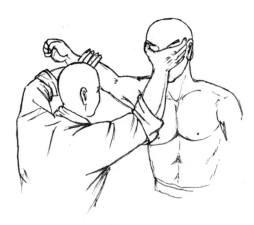

圖6-3

如敵人之位置，適偏於我左方，用右手則多一周折，即可發左手拷其額，而以大拇指按其右太陽穴，中、食二指按其左太陽穴，用力攏入，較用右手為便捷。

此等重要之處，不被拿則已，一被拿著，縱拿者用力極輕，而被拿者，亦必不能自持而頓時昏暈，而失其知覺；若用力稍重，傷及內部，必立時殞命，固不必待氣血流注其穴而始不可救也，切戒濫用。（圖6-3）

十三、前頸之拿法

前頸者，指頸項前面之半邊而言，即頸椎骨之前部也，此處完全為軟當，並無骨骼之支柱，皆係皮肉與筋絡所組合而成，其內部則氣管與食管在焉，亦為極重要之部分。

蓋人之所以恃以生者，全在乎呼吸與飲食，呼吸必恃氣管，飲食則全恃食管。若氣管受傷，則呼吸即被阻止；食管受傷，則飲食無由而進，皆足以使人促其生命者。故前頸一部，亦非常重要，在擒拿法中，亦為制命之處。

然拿法亦可分數種，如拿喉結者，必死無疑；若拿前頸筋，或拿靠後面耳下之處，尚不至致命也，亦宜於單拿法。

如敵人與我對立，而以發右手為宜者，即用右手叉其頸，虎口應在敵人喉結之上。若叉喉結，即易致死，而以大拇指按其左前頸筋，中、食二指，按住其右前頸筋，用力拿之。若宜用左手，則反此而行。

若敵人背我而立，必自後拿之，可依從後拿耳根之法

（法參看上）。

　　若此處被拿，雖不致死，但亦極易昏暈。因前頸之筋，固亦上達腦際，且縱未扼其氣、食二管，勢亦受到壓迫，使氣不能舒。若拿喉管，手法相同，但手指之部位，略有移動耳，是為殺手，不可輕用。（圖6－4）

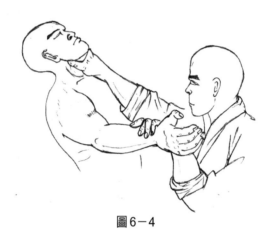

圖6－4

十四、後頸之拿法

　　後頸部分，所賴以支柱全頸者，厥唯七頸椎骨而已。此骨之位置，在頸部後面之正中，皆係算盤珠形之小圓骨接合而成，故俗名算盤珠，以其形似也。骨之上部，與後頭骨相接，而下面則聯絡十二胸椎骨，故頸椎一骨，在上部亦占極重要之地位。

　　其兩旁則各有斜紋扁闊之頸筋，上端與耳後筋等相聯絡，頸椎之骨，不甚堅牢，而其內側之筋，上通後腦，若

傷及此，必死無疑。

　　其拿法亦與拿前頸相似，只用單拿，又可在此分出死與暈兩種。平常拿後頸者，多拿其斜紋闊筋，此種手法，唯敵人背對我而立者可用，若對立則不通用矣。

　　如敵人背我而立，我欲拿其後頸者，視其所居之地位，而定我用手之左右。如合用右手，即發右手以大、中、食三指搭住其頸椎左右之闊筋，運力拿之；合用左手，即發左手依法拿之可也。

　　此頸在腦後陷窩之旁，若被拿住，輕則昏暈，重則傷及內部，易成瘋狂、腦漏等病。此等有關生命出入之處，落手務稍輕鬆。若拿頸椎，其效相同，唯落手過重，往往可使頸椎脫節而致死。

　　因肢體之骨可接，此骨則不可接，亦如截斷屋柱，其屋鮮有不全部塌倒者也，慎之慎之。（圖6－5）

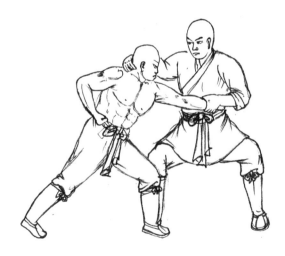

圖6－5

十五、前肩之拿法

肩井為兩臂聯絡軀幹之關鍵，扁肩胛骨與鎖骨相接處之中間，有一凹陷如臼狀者，即為肩井，亦稱肩窩，其窩之正中，即為肩井穴，在人體各穴中亦為大穴。

如氣血頭之流行，正達此穴，而被點、被拿以致封閉，雖不足以致人死命，但亦足以戕害其肢體而成殘疾也。即其空穴時，肩井全部被人拿住，亦可使被拿者之臂部，受其影響，而失去原有活動之能力。

拿人前肩，必須與敵人對立，始可著手。亦單用拿法，並不用擒法相助，有單手拿、雙手拿之分。

如敵人與我對立，而我欲拿其左肩者，即屈右手三指作鷹爪狀，以中、食二指插入肩井之中，大指則在前肩骨下面摳入，用力將其骨扣住。此即俗稱鎖琵琶者是也。若欲拿其右肩，則出左手三指，如法拿之。如欲左右並拿，則二手齊發，依法拿之可也。

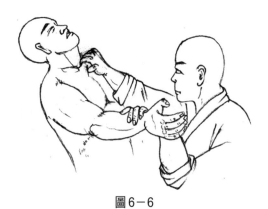

圖6-6

敵人被我拿住，則其筋收縮酸麻；甚至其臂部原有之活動能力完全失去，縱頑壯之人，亦不復能與我抵抗矣。唯此法與拿穴不同，被拿時固不能轉動，若釋手之後，轉瞬之間，即可以恢復原狀，非必施手法藥石以治之始癒也。（圖6−6）

十六、後肩之拿法

扁肩胛骨，附於背部上面之兩側，實為肩部最要之主骨。而司全肩之活動者也，其形如蝶翅，較闊之部分，接近脊骨，而較狹之部分，則與鎖骨相銜接而構成肩膀，即俗稱之飯匙骨是也。

拿後肩之法，雖方向部位之與拿前肩不同，然其所注重之處，亦完全在於肩井，固殊途而同歸者也。唯迎面拿前肩，則以鎖骨為輔；背立拿後肩，則以扁肩胛為助也。至其手法，亦單用拿法，而不須擒法之輔佐，亦有單手拿、雙手拿之分別。

如敵人背我而立，我欲拿其右肩者，即將右手大、中、食三指作鷹爪狀突然發出，以中、食二指，插入敵人之肩井，而大拇指則從肩胛骨狹端下面之骨縫中摳入，運力拿之。如欲拿敵人之左肩，則發左手，依法拿之。如欲左右並拿，則兩手齊發也。

敵人被拿，亦必酸麻不堪，使其臂部完全失卻活動之能力，而不復能與我抵抗矣。

唯此後拿較前拿為稍劇，因大拇指所按之處，適為鳳尾穴，此穴屬腎經，甚為重要，用力過甚，如傷其穴，亦

足以影響內部，而成內傷不治之症，但可以藥治。唯拿者
對此，落手終以稍輕為宜。（圖6-7）

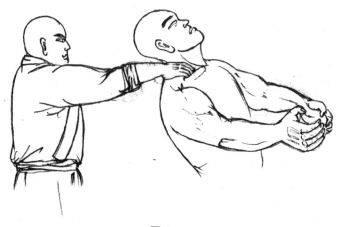

圖6-7

十七、外肩之拿法

所謂外肩者，即肩尖突起之處也，此一部分，為肩胛
骨、鎖骨、上臂骨等三骨相銜接之處，骨縫參差，筋絡包
被，即俗大臂骭者是也。

此部實為肩臂兩部之關鍵，司臂部屈伸轉動之總樞
也。此部如受傷，則全臂完全失去活動之能力。唯此關
鍵，密接吻合，構造巧妙，無以復加，但機關愈巧妙，損
壞愈容易，此一定不易之理也。故肩臂之關節，一受外界
之震激，恒易脫臼而出。

　　擒拿法之對於此等所在而特加注意者，即利用此弱點
也。此部可用單拿，有時亦可以擒法輔之，不論敵人之背
立或對立，皆可用之。

　　如為對立，我拿其左肩，宜用右手，以大指搭其肩尖
前面之骨縫中，中、食二指搭其肩尖前面骨縫中，用力拿
之。如拿左肩，則用左手。

　　無論前後，雙手並拿，亦無不可，被拿之人，此部已
受束縛，全臂之活動力，完全失去，不復能與我抵抗。若
落手過重，且足以使其臂脫臼而出，唯拿時必拿正骨縫，
始可奏效也。（圖6－8）

圖6－8

十八、上臂之擒拿法

自肩以下，而至肘節之上，統稱上臂，此部肌肉，較肩窩等為強厚，拿之較難。大概可分上下二部而拿之，但不能單用拿法，非擒拿並用不可。

如拿上臂之上部，敵人與我相對而立，我欲拿其左臂者，必先用左手搶握敵人之左腕或小臂，攏之使直；同時用右手之大、中、食三指，作鷹爪形發出，大指據其上臂之內側，而按住其腋窩，中、食二指則據其上臂之外側，即上骨端之下面，用力拿之。如欲拿其右臂者，則兩手更易其位置可矣。

此法著力之處，完全在於大拇指，中、食二指，不過攏輔之，使易於運力耳。至拿上臂之下部，手法固無大異，但以拿手移下，而攏其上臂中部之鼠蹊筋，即俗稱老鼠肉者是也。

圖6－9

此筋實為臂部之主筋，一受束縛，全臂即失活動力量，而不復能轉動矣。

擒拿之法，完全與上部無異，其所以不用單拿，而必以擒拿輔之者，蓋使其臂直而易於拿住。否則其上部雖被拿，但一磕緊，大指反為所制；其中部雖被拿，但一屈肘，筋肉突起，亦足以脫去我之拿手。故非擒拿並用，不可奏效也。（圖6－9）

十九、肘節之擒拿法

肘節乃聯絡大小臂，使之銜接，而司其轉動也，實為大小臂間之關鍵。其部位在上臂下面一端，與尺骨、橈骨之上面一端接合之中間，肘屈之時，骨節外突，臂直之時，則其處有小陷窩。

單拿或擒拿並用皆可，又合於正面之敵。

如敵人臂屈之時，則宜用單拿法。如敵向我而立，我欲拿其左肘，即用右手三指作爪狀，從下綽起，而拿其肘關節之兩側；大指在外，中食二指據內，皆按准骨縫，用力拿之。如欲單拿其右肘者，則兩手易位而行之可也。

如敵人臂直之時，則宜擒拿並用。敵人向我而立，我欲拿其左肘者，先用左手擒住其左腕或小臂，而用右手之三指作爪狀拿其肘節；大指居內面肘彎之中央陷凹處，而中、食二指，則按於肘節正面之骨縫中，用力拿之。如擒拿其右肘，則兩手互易位置，行之可也。

拿此部宜各取其便，不可固執。被拿之人，其臂部之活動能力，必全失去，萬難抵抗。而拿者用力若過於猛

烈，且足以使其大小臂脫離。因骨骼之銜接，固不甚堅
牢，極易脫落也。然唯其易脫，接合亦不為難，但循其
理，施以手法，即可復原也。（圖6-10）

圖6-10

二十、小臂之擒拿法

　　小臂，亦稱前臂。自肘節之下端而至腕關節之上部，
其中統稱之為小臂。此臂不似大臂之為一骨支柱，實有二
骨並行者，即尺骨、橈骨是也。此二骨之上下端，皆有關
節聯絡之，故其頭併，而中間則分開，有狹長之空隙。此
空隙實為擒拿法中最易利用之處。因其間雖有筋絡包被，
但抵抗力極弱，一受外面之震激，筋絡往往與骨失其聯絡
而現浮腫之象。
　　此部單拿或擒拿並用皆可。但就擒拿之情形，看何法
便利，即用何法。

　　如敵人與我相對而立，我欲單拿其左小臂，則出右手
三指；大指當其小臂內側，中食二指，則當其外側，皆摳
在尺橈二骨之空隙中，用力拿之。若對立而欲拿其右臂，
則用左手可矣。

　　如敵人背我而立，我亦可自後依法拿之。唯右手拿右
臂，左手拿左臂耳，指之位置，完全不變，如利於擒拿並
用者，則以另一手助而擒之。其法與拿大臂等之擒法，完
全相同。

　　此雖拿小臂之部分，其效亦甚大，因小臂既失其抵抗
能力，則大臂亦必間接受其影響，而感覺酸麻不堪，力無
所用矣。拿之過重，又足使二骨分離，成為殘疾，慎之慎
之。（圖6-11）

圖6-11

二十一、手腕之拿法

手腕之位置，居於小臂骨及掌骨之中間，又稱手根骨。共為八塊小骨組合而成，其形甚短，皆互相聯合，而不能單獨運動。如一骨動，則其餘諸骨，亦必隨之俱動。

為小臂與手掌中間之重要關鍵，且為其聯絡及轉動之總樞也。在擒拿法，亦占重要地位。然不適宜用擒法，宜用單拿。

其拿法可分側拿、正拿。側拿即拿腕骨與掌骨及小臂骨兩側之關節，正拿即拿腕上之脈部也。大概正拿、反拿皆可。

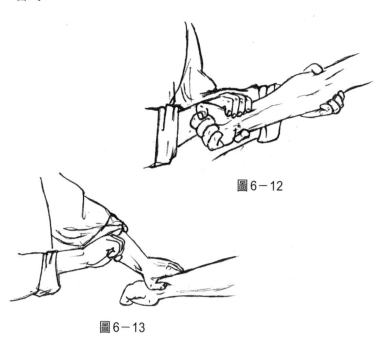

圖6－12

圖6－13

如敵人與我對立，或立我側，我欲拿其左腕側者，即用右手之指，拈住其腕，大指在內側，餘二指在外側，皆扣骨縫中，用力拿之。如拿右腕，則用左手，但有時亦可以右手拿右腕，左手拿左腕者，視在便利與否耳。

拿此處，亦足以使臂部酸軟無力而失其抵抗能力，此為側拿。若正拿則右手拿左腕者，則大拇指按住其脈關，二指扣住其腕背；若拿右腕，則二指按住其脈關，大指扣其腕背。左手正拿，類是。

拿住之後，稍微用力，即足以使臂力失去；若稍加重，則使人暈倒，過重且有生命之憂。因脈為全身之主腦，生命之中樞，不容稍有損害者也。（圖6－12、13）

二十二、腰肋之拿法

胸腹各部，穴道雖星羅棋佈，在點穴法中，極為注意，蓋彼全仗二指點刺之力以制人。固無處不可施其技也。

若擒拿法中，對於胸背等處，可拿之處極少，以胸背所占之部位甚大，固不易以三指拈取之也。唯腰部、肋部，有時尚可施拿之手法，然亦無所用其擒。但此等所在，皆為人身緊要之處，無一不足以致人之死者！舉手殺人，故為法所不許，於道德上亦大有損，故拿人終以不拿此等部分為佳。即萬不得已而用之，落手亦宜從輕，以敵人已受制而不能反抗為度，切勿過分為要。

此單拿之法，前後皆可用。

如敵人與我對立，我即可以右手拿其左肋或左腰，拿

時大指在前,中、食二指在後。如用左手,則拿右肋或右腰,法亦如之。

如敵人背我而立者,我可以右手拿其右肋或右腰,拿時大指在後面,而中食二指在前。如用左手,則拿左腰,法亦如之。

拿肋、拿腰,手法完全無異,但上下之部位,稍有不同耳。

此等手法,似覺太為狠毒,故不詳述。尤望學此擒拿法者,深體斯意,出手時務宜在輕處落手,毋好顯能,而濫拿有關生命之處也,戒之戒之。(圖6-14)

二十三、腿骱之擒拿法

此一部分,在大腿骨與骨盆接合之處,其骨縫即名為腿骱。此骱在全身數個骨骱中,為最巨之部分,更無有大於此者。故欲拿此骱,實較拿別一骨骱為難,非指頭功夫精深者,不足以奏效也。且此骱既為二巨骨所銜接,更有無數巨大之筋,纏絡其外,十分周密,尤以外側一面,則較寬大。故拿腿骱,實偏重於內側一部,而外側一部分,則僅助其不足耳。

亦可單拿或擒拿並用。

如敵人與我對立,兩腿伸直,我欲拿其左腿骱者,則張開虎口,叉住其大腿之上部,大指搭住其內側骨縫,中食二指,搭住其外側骨縫,用力拿之。若欲拿其右腿骱,則用左手拿之。

如敵人飛左足踢我,而我欲拿其腿骱者,勢必擒拿並

用矣，先用左手叼住其左脛或小腿，使不能落下，同時即
發右手三指，抓住其大腿骺，依前法用力拿之。如彼飛右
足以踢我，則我可用右擒左拿法制之。

　　此等部位，拿雖較難，其功最大，如被拿住，非但一
腿失其力，且足使全身受其影響，而擒拿並用之法，較單
拿為易於著手。（圖6－15）

圖6－14

圖6－15

二十四、大腿之擒拿法

大腿為一極大管骨所支拄，上起於腿骱，而下迄於膝蓋之上部。其中間為一整之骨，既無小骨之歧出，又無骨縫之可尋，唯腿骨之外，包被之筋肉極厚。

筋之主要者，為轉股筋，此筋有內中外三部，除中轉股筋無關於擒拿者外；其內轉股筋，則在大腿之內側，斜纏於全腿；外轉股筋，則斜包於大腿全部之外側，此即俗稱之編箕筋者是也。

亦可單拿或擒拿並用。其中尤以內轉股筋為重要。

如敵人立直，與我相對，我欲拿其左腿者，則用右手，張開虎口，叉住其腿，大指搭住內轉股筋，中、食二指，搭住其外轉股筋，運力拿之。如欲拿右腿，則用左手。

圖6─16

如敵人飛足蹴我者，則勢必擒拿並用矣。若敵人飛左足踢我，我即先用左手擒住其脛或小腿，而同時用右手依上述手法拿之。若飛右足踢我，則用右擒左拿法制之矣。

此法單拿，因腿部之筋，深隱於內，皮肉又厚，故一時不易摸正，又無左手輔助，故著手較難。若彼舉足踢我時，則全運力，各筋皆緊張突起，暴露於外，而擒拿並用，又有擒手之輔助，易於奏效也。（圖6－16）

二十五、膝蓋之擒拿法

膝蓋為介於大腿骨及下腿骨中間之骨片，位居於脛骨之前面，而包覆其骨端。其前面接於大腿骨及下腿骨處骨縫，唯其兩側面則骨縫較為寬大，屈膝時，更為顯著。

可以拿法制之，然其骨小而圓活，非指頭功夫到家者，縱拿亦易滑脫，不易見效也。但此一部分在大小腿中間，實占最重要之地位，蓋以其聯絡上下兩部，而司其轉動。此骨受傷，則上下失其聯絡，必不能運動自如矣。大概在膝屈之時，宜用單拿；而膝直時，則宜擒拿並用也。

如敵人飛右足以踢我，我欲拿其膝蓋者，宜先用右手擒住其脛或小腿，拽之使直，同時用左手拿其膝之側面，大指據其內側，而中食二指則據其外側，就其骨縫中摳入，用力拿之。如敵人舉左足以踢我，我即用左手擒住，而用右手拿之可也。

如敵人直立者，則用單手拿法，其法與單拿大腿骭相同，可以參看，不必多贅。

此部如被拿住，則上下腿之固有能力完全失去，不復

能與人爭持矣。（圖6－17）

圖6－17

二十六、膝彎之擒拿法

膝部緊要之處，除蓋骨外厥唯腿彎，因其處正居於大小腿骨接合處之背面，亦有較大之骨縫，且小腿骨上端，為腓骨、脛骨並頭銜接之處。其骨縫實不啻腓骨與大腿骨之交，而伸筋居其要隘，雖無所掩蓋，其所司之事，固不亞於膝蓋之重要也。

拿膝彎之手法有二，主力各自不同。一則拿膝彎之中央，即腓骨與大腿骨接合之骨縫中；一則拿其膝彎兩外側之伸筋。

如敵人飛起右足以踢我，而我欲拿其膝彎之中央者，宜先用右手擒住其脛或小腿，同時用左手三指，從側攔入

拿之，大指居上，按住其膝蓋骨，中食二指在下，摳在骨
縫之中間，用力拿之。

如欲拿其伸筋，則左手自下抄起，大指居外側，中、
食二指居內側，用力拿之，此筋在膝蓋後面之兩側。

如敵人飛左足踢我，則我用左手擒住，用右手依上述
之法拿之。

如其人直立，而欲拿其膝彎或屈筋者，宜自側面取
人。其手法與以上各節單拿法相同，可以互相參看。

膝彎被拿，其關節必失去轉動之力量；伸筋被拿，則
可使其腿直而不屈，不能抵抗，此兩處較膝蓋為易拿。
（圖6－18）

圖6－18

二十七、小腿之擒拿法

小腿部分，其肌肉固不及大腿之厚實，然較諸別一部則已超過數倍。故其筋絡，亦深隱於內，表面不易看見，主筋居於後面之中央，與腓骨相並行。此部自膝蓋下面起而迄於踝骨之上端，為脛骨與腓骨合組之支柱。脛腓二骨之上下兩端，皆並頭銜接，中部則離開而成狹長之空隙，與小臂部分，約略相似。

擒拿時亦分拿筋、拿骨兩種手法。扣其後面主筋，而使腿部失其力量者，是謂拿筋；扣其脛骨、腓骨中間之空隙，使腿失其抵抗者，是謂拿骨。

如敵人飛起右足以踢我，我欲拿其筋，宜先用右手擒住其脛，同時發左手，以大指按住脛骨上面之中部，中、食二指，摳其主筋，即俗稱黃魚肚皮之處，用力拿之。

圖6-19

　　如欲拿骨，則左手從下抄起，搭住其兩骨之空隙，大指居外側，中、食二指居內側，用力拿之。

　　如敵人飛起者為左足，則我用左手擒右手拿可矣。但敵人直立，而我欲拿其此部者，可用單手拿之，手法完全不變，唯撤去擒手不用耳。

　　此等部分，不論其所拿者是筋是骨，一被拿住，則腿部即不能活動，更遑論乎抵抗，其受制於我也必矣。（圖6-19）

二十八、踝骨之擒拿法

　　踝骨之位置，在脛骨與蹠骨之間，上接於脛下連於蹠者也。其骨為數小骨所組成，左右兩側，則突出各圓錘，其居於內側者，稱為內踝骨，居於外側者則為外踝骨。在兩踝後部之下方，各有小凹陷，其中即骨縫之接合處，實為踝部緊要之處。而前部之下方，即脛骨、蹠骨相接之處，有一極粗之筋連互其間，而滿被於兩骨接合空隙之中間者，其所占地位，尤為重要。

　　凡拿此部位，皆用單拿，且皆在於敵人舉足踢我之時，蓋以其居於全身最下之部位，若非踢起趁勢拿之，勢必俯身拿取，殊不便利。欲強為之，且足以受制於人。手法亦分拿筋、拿骨二種。

　　如敵人飛起左足以踢我，則我宜稍避其鋒，一方面同時將右手從下抄起，而抓其凹陷間之骨縫，大指居內側，中、食二指居外側，用力拿之，此即拿骨。

　　若欲拿筋，則讓過彼左足以後，即將右手三指，從側

面攔入，以抓其脛之前後兩面，大指居上拿住主筋，中食二指在後為之輔，用力拿之。

如敵人踢我者右足，則我用左手，依法拿之。

此處部分雖極小，若被拿住，亦可以使全腿失其抵抗能力也。（圖6－20）

圖6－20

二十九、足心之擒拿法

足心在足底之正中央，即湧泉穴是也。此穴在人身各穴中，亦為死穴之一，蓋氣血之所聚，百脈之中樞也。唯以其在足底，終日貼地，且有鞋底為之護，無從點拿，即點拿亦不易奏效也。

然不被拿則已，若被拿住，穴道封閉之後，輕則限期取命，重則立時身死，非藥石手法所能救治，實殺手之一

也。

　　依點穴法中之氣血流注求之，每當亥正時分，則氣血之頭，即注於湧泉穴。亥時末刻氣血出宮而行入別穴，此穴始空。若在空穴時點拿，即不足致人之死命，然以筋絡所聚之故，亦可以使人酸麻無力，重則殘及肢體。

　　其拿法亦為單拿，且不限手之左右，但穿鞋者，因底之阻隔，必須功力能透內部，始克有效，手指之功夫，須十分精純也。

　　如敵人飛足踢我，我即任舉一手從橫攔入，以拿其足心，大指按住湧泉穴，中食二指則緊扣其足背，用力拿之。如力能透入者，被拿之人，必覺筋酸骨軟，縱不受傷，其抵抗能力必完全失去。但在亥正時候，切忌施用此種手法，氣血注於是宮，被傷必死，非仁義之道也。（圖6－21）

圖6－21

三十、足背之擒拿法

足背上之穴道，亦不止一二，其中以太衝一穴為主腦，其重要固不亞於足心之湧泉穴也。

此穴之位置，居於大趾之後面，第一蹠骨與第二蹠骨中間，骨縫本極寬闊，其前端接近趾骨之處為尤甚，而太衝一穴，即在此骨縫寬闊之前端。但此穴在足部雖占重要地位，實非死穴而為暈穴。在其空穴時，固不必論，即氣血之頭，循行恰經是穴，忽被人點拿閉住，亦僅可使暈，最多肢體上略受損害，決不致危及生命也。

此穴之手法，亦用單拿，與拿湧泉穴大同小異，唯足背上之障礙，較足底為少，故拿取亦較為容易，唯必在舉足踢我時用之。

圖6-22

　　如敵人舉左足以踢我，我欲拿其太衝穴而制之者，宜先避過其鋒，然後用左手向彼左足內側攔入，以三指搭住其足，大指在足底，中、食二指則按於背面之太衝穴上，用力拿之。如敵人用右足踢我者，則我即用右手，依上述之法拿之。

　　拿時若氣血正注是宮，可以使彼立刻暈厥；若拿時為空穴，亦可以使足之全部失去活動之力量。以上所述各法，皆用輕巧手法以制人者，但死穴戒濫拿。（圖6－22）

國家圖書館出版品預行編目資料

少林技擊正宗／楊斌編著
——初版，——臺北市，大展，2012〔民101.06〕
面；21公分，——（少林功夫；28）
ISBN 978-957-468-883-8（平裝）
1. 少林拳
528.972　　　　　　　　　　101006802

少林技擊正宗

編　著／楊　　斌
責任編輯／何　宗　華
插　　圖／凌　　召
發 行 人／蔡　森　明
出 版 者／大展出版社有限公司
社　　址／台北市北投區（石牌）致遠一路2段12巷1號
電　　話／(02) 28236031・28236033・28233123
傳　　真／(02) 28272069
郵政劃撥／01669551
網　　址／www.dah-jaan.com.tw
E-mail／service@dah-jaan.com.tw
登 記 證／局版臺業字第2171號
承 印 者／傳興印刷有限公司
裝　　訂／建鑫裝訂有限公司
排 版 者／千兵企業有限公司
授 權 者／安徽科學技術出版社
初版1刷／2012年（民101年）6月

定　價／220元

●本書若有破損、缺頁請寄回本社更換●

大展好書　好書大展
品嘗好書　冠群可期

大展好書　好書大展

品嘗好書・冠群可期